Ich habe

Angst

vor

Krankheiten

Erfahrungen eines Hypochonders

Ernst L. Kaufs

Ich habe
Angst
vor
Krankheiten

Erfahrungen eines Hypochonders

Tribut Verlag
Worms

Dank

Mein Dank gilt all jenen, die mir während meines zehnjährigen Leidensweges mit Rat und Tat zur Seite standen.

Er gilt meiner Familie, insbesondere meiner Frau. Sie hat mich nie als eingebildeten Kranken abgetan, auch wenn sie meine Ängste zum Glück nicht immer mit mir teilte. Sie unterstützte mich, wann immer sie konnte.

Zu danken habe ich den Ärzten, wenn sie mich von meinen „Hirngespinsten" befreiten und den Psychologen für die mir zugedachte Therapie.

Meinem Bruder und Linda ein herzliches Dankeschön für das Lektorat.

Die Deutsche Bibliothek verzeichnet diese Publikation in der Deutschen Nationalbibliografie.

ISBN 3-9809863-1-4

2006

Vorwort

Leiden Sie an Krebs?
Nein?
Sind Sie sich sicher?
Was lässt Sie da so sicher sein?

Krankheitsangst oder, wie Psychologen und Mediziner es ausdrücken, Hypochondrie, kann jeden treffen. Dieses Buch beschreibt auf eindringliche und zutiefst realistische Weise, wie ein Mensch wie „du und ich“ beginnt, unter dieser Problematik zu leiden. Dabei hat man zu jeder Zeit Verständnis für den Autor, dessen Familie durch zahlreiche schlimme Krankheiten heimgesucht wird, und der daraufhin die Angst entwickelt, auch ihn könnte die eine oder die andere Krankheit getroffen haben. Sein zehnjähriger Leidensweg verschafft ihm eine ausgezeichnete medizinische Bildung über tödliche Krankheiten und ihre Anzeichen. Seine Angst lässt ihn zahlreiche Ärzte aufsuchen, was ihm von Mal zu Mal peinlicher wird. Dabei trifft er auch auf Scharlatane, und nicht nur die Schilderung dieser Begegnungen lässt den Leser unwillkürlich lächeln. Irgendwann findet der Autor den Weg zu einem Psychotherapeuten, auch wenn er zu Beginn ja gar nicht viel davon hält.

Dieses Buch ist Betroffenen zu empfehlen, weil es plausible Erklärungen für die Entstehung der Krankheitsangst liefert und Lösungsmöglichkeiten anbietet. Zum Schluss ist bei Weitem nicht alles „rosa-rot“, aber dennoch haben die eigene Beschäftigung mit dem Thema, die Gespräche mit den Ärzten sowie die Hilfestellungen innerhalb der Psychotherapie dazu geführt, dass er seine Ängste ganz gut im Griff hat.

Das Buch ist Psychotherapeuten zu empfehlen, da es einen ungewohnten Einblick in die Gedanken und Empfindungen eines Betroffenen liefert und zeigt, wie die Gespräche, Übungen und Vereinbarungen der Therapie in den Alltag eines Patienten integriert werden.

Und schließlich ist dieses Buch jedem Interessierten zu empfehlen, da es alle mir bekannten Vorurteile über die so genannten „eingebildeten Kranken“ aus dem Weg räumt.

Dr. Gaby Bleichhardt
Psychologische Psychotherapeutin

***

Wir sitzen im Halbkreis, der Arzt uns gegenüber. Es ist Anfang Mai und die warme Luft, die durch halbgeöffnete Fenster einströmt, erweckt Hoffnung auf einen angenehmen Frühling.

Unsere Hoffnung und Konzentration gilt der Diagnose, die der Neurologe aufgrund der Krankheitssymptome meiner Mutter machen wird. Sie war bis zu diesem Zeitpunkt von Pontius zu Pilatus gelaufen bzw. von uns, ihrer Familie, geschickt worden. Zahnarzt, Hausarzt und Nervenärztin waren ihre Stationen. Niemand hatte eine Erklärung für ihre Schluck- und Sprachbeschwerden. Der Zahnarzt sah sich außerstande, weitere Anpassungen des künstlichen Gebisses vorzunehmen; der Hausarzt tippte auf einen leichten Schlaganfall und verabreichte - Wochen später - Infusionen. Die Nervenärztin, die es am besten hätte wissen müssen, glänzte mit den Worten: „Es ist alles in Ordnung."
Nichts war in Ordnung. Sprechen und Schlucken fielen meiner Mutter immer schwerer. Die Auswahl an Ärzten in einer mittelgroßen Stadt ist begrenzt. Ein Blick ins Telefonverzeichnis der nächstgrößeren Universitätsstadt ermöglichte den Kontakt zum Spezialisten.

Hier sitzen wir nun, meine Mutter, 74 Jahre alt, meine Frau und ich, und warten gemeinsam auf den ärztlichen Befund. Mehrere Tage lang wurde meine Mutter einer Reihe neurologischer Tests unterzogen. Es ist für mich auch jetzt noch, zehn Jahre später, beeindruckend, mit welcher Einfühlsamkeit der Chefarzt der Neurologie ihr, ohne dass wir uns dessen auch nur im Entferntesten bewusst sind, das Todesurteil mitteilt. Seine Worte sind bedächtig gewählt, leise gesprochen, Hoffnung erweckend und ernüchternd für den, der sie zu deuten weiß.

„Wir vermuten bei Ihrer Mutter ALS.“ Drei Buchstaben, die sich seitdem in meinem Gehirn eingebrannt zu haben scheinen. Sie stehen für „Amyotrophe Lateralsklerose“.
„Es gibt seit kurzem ein Medikament hierfür, das eine gewisse Wirkung zeigt. Ihre Mutter kann, wenn sie möchte, an der Studie, die bald vorüber sein wird, noch teilnehmen.“ Natürlich wollen wir.

Noch in der Klinik eile ich zum Telefon und berichte meinem schwerkranken Vater: „Sie haben die Krankheit endlich entdeckt; sie hat sogar einen Namen.“ Widerworte meines Vaters lasse ich nicht gelten. „Ich jedenfalls bin froh, dass wir wissen, woran wir sind. Hier in der Uniklinik ist sie gut aufgehoben; vor allem: Es gibt ein Medikament.“
Meinen Bruder, der in einer entfernten Stadt wohnt, informiere ich ebenfalls.

***

Meine Frau hat den „Pschyrembel“ mit in die Ehe gebracht, ein „Klinisches Wörterbuch“, Auflage von 1959, ein Geschenk ihrer Schwester. Dort heißt es beim Stichwort Lateralsklerose: „Allmählich fortschreitende Muskellähmung, meist einseitig an den kleinen Handmuskeln beginnend, dann auf Arm- und Schultermuskeln übergreifend; fibrilläre Muskelzuckungen, spastische Symptome auch an den unteren Extremitäten möglich. Verlauf chronisch-progredient; Prognose infaust; Exitus meist nach zwei bis vier Jahren; durch Übergreifen auf bulbäre motorische Kerne entsteht im Endstadium das Bild der Bulbärparalyse.“

Ich bin medizinisch nicht vorgebildet, einige Jahre Lateinunterricht in der Schule reichen nicht aus. Ich muss also Querverweise wie „fibrillär, infaust, bulbär und Bulbärparalyse“ im „Pschyrembel“ nachlesen - und erschrecke zum ersten Mal. Der Krankheitsverlauf ist demnach unaufhaltsam und die Krankheit endet tödlich.
Mein Gott, was für eine Prognose: fortschreitende Muskellähmung und tot innerhalb weniger Monate oder Jahre, womöglich noch durch Ersticken.
Andererseits: Unser Pschyrembel ist fast vierzig Jahre alt und der Professor sprach von einem Medikament. Der Fortschritt in der Medizin hat sicherlich auch nicht vor dieser schrecklichen Krankheit Halt gemacht.
Ich fahre in die Nachbarstadt und suche die nächstbeste Buchhandlung auf, die über eine größere Auswahl an aktuellen medizinischen Sachbüchern verfügt. ALS und ihr Verlauf werden darin beschrieben, aber nicht wie von mir erhofft. Offenbar sind die Aussagen im Pschyrembel auch heute noch gültig.

Meine Mutter wird in der Uniklinik betreut. Wir fahren 14-tägig dorthin. Vom Oberarzt erfahre ich, dass eine Vereinigung existiert, die sich des Themas ALS angenommen hat. Von dort lasse ich mir Informationsmaterial kommen. Die Beschreibung der Krankheit und ihre Entwicklung sind ebenso niederschmetternd wie die Aussichten, ihrer Herr zu werden. Die Erfolgsaussichten tendieren gegen null.

ALS, nicht zu verwechseln mit Multipler Sklerose (MS), ist danach eine Erkrankung der Nervenzellen, in deren Folge Muskelschwäche, Muskelschwund, Krämpfe und Muskelzuckungen auftreten. Die Schwäche der Muskeln schreitet unaufhaltsam fort, befällt alle wichtigen Körperteile und greift schließlich auch die Atemmuskulatur an. Da menschliches Leben ohne Atmung nicht möglich ist, erstickt der Patient letztendlich. Der Kranke sieht seinen körperlichen Verfall Tag für Tag und dies bei vollem Bewusstsein, ohne dass sein geistiges Denkvermögen beeinträchtigt wäre. Einfach grausam. In manchen Fällen beginnt die Krankheit dort, wo sie bei anderen aufhört: im Mund, Bulbärparalyse genannt. So ist es bei meiner Mutter.

***

Der Wadenmuskel meines rechten Beins zuckt. Bereits gestern ist es mir aufgefallen. Ich sitze still, bewege mich nicht, spanne den Muskel nicht an und trotzdem zuckt die Wade unwillkürlich. Eigenartig. Ich kann es nicht beeinflussen.
Die Zuckungen verstärken sich im Laufe der folgenden Tage. Langsam finde ich es nicht mehr lustig; es irritiert mich und stört.
Wie aus heiterem Himmel schießt es mir durch den Kopf. Muskelzuckungen sind typisch bei ALS. So habe ich es gelesen und so hat es der Arzt beschrieben, der meine Mutter behandelt. Das kann ja wohl nicht wahr sein. Ich und ALS. Dies wäre mehr als Zufall. Andererseits: Die Krankheit kann - so lese ich nach - vererbbar sein, Männer sind davon häufiger betroffen als Frauen und ich nähere mich dem Alter, in dem sie am häufigsten auftritt. Nichts ist unmöglich, schon gar nicht, wie man weiß, in der Medizin. Ich versuche, den Gedanken zu verdrängen und mich damit zu beruhigen, dass ALS eine Krankheit ist, die äußerst selten vorkommt. Die Wahrscheinlichkeit, hiervon betroffen zu sein, beträgt etwa eins zu einhunderttausend. Nicht vergleichbar mit Herz-Kreislauf-Erkrankungen oder Krebs.

Die Faszikulationen (unwillkürliche Bewegungen von kleinen Muskelgruppen oder einzelnen Muskelfasern) nehmen in den darauffolgenden Tagen an Intensität und Häufigkeit zu. Mittlerweile sind beide Beine betroffen. Ich beginne, nervös zu werden.
Meiner Mutter, deren Zustand sich weiter verschlechtert hat, erzähle ich selbstverständlich nichts über mein Befinden. Meiner Frau offenbare ich es. Sie schlägt vor, einen Neuro-

logen aufzusuchen. Beim Nächstbesten, der einen Termin frei hat, melde ich mich an.

Mit seinen Jesussandalen und der legeren Kleidung vermittelt er den Eindruck eines alternativen Therapeuten. Ich schildere ihm meine Beschwerden und meinen Verdacht, worauf er mich fragt, mit welchem Satz das Evangelium des Johannes beginne. Ich erröte, man scheint mir meine Verblüffung anzumerken.
„Im Anfang war das Wort" - er will darauf hinaus, dass alles mit dem Atem begann. Folglich lässt er mich, vor seinem Schreibtisch sitzend, Atemübungen machen. Ich spüre, wie ich die Tränen hinter den geschlossenen Augen nicht zurückhalten kann. Die Anspannung der letzten Tage und Wochen war groß; der Arzt fühlt sich bestätigt.
Er untersucht meine Reflexe an Armen und Beinen, lässt mich, nur in Unterhose bekleidet, auf einer gedachten Linie gehen, um schließlich zu dem Ergebnis zu kommen: „Sie haben keine amyotrophe Lateralsklerose."
ALS, so habe ich mir bis zu diesem Zeitpunkt angelesen, ist eine Krankheit, die einerseits mit Hilfe aufwändiger Untersuchungen diagnostiziert wird, zum anderen mittels Differentialdiagnosen, also durch den Ausschluss von Krankheiten mit ähnlichen Krankheitsbildern.
Auf jeden Fall ist der Einsatz von Apparatemedizin notwendig. Und da kommt dieser Arzt zu seinem Ergebnis, indem er mich fast nackt durch sein Behandlungszimmer laufen lässt! Das kann ja wohl nicht wahr sein!
Ich nehme all meinen Mut zusammen und äußere ihm gegenüber meine Bedenken. Er lässt sich überzeugen. Ein Kommilitone aus gemeinsamen Studienzeiten habe entsprechende Gerätschaften, dorthin solle ich mich wenden.

Die Beschwerden nehmen zu, auch der Oberarm ist nunmehr von unkontrollierten Muskelzuckungen betroffen.
Der frühere Kommilitone des Arztes, ein Neurologe in F, ist mir nicht sonderlich sympathisch. Ich meine, ein süffisantes Lächeln zu bemerken, als ich ihm von meinem Anliegen berichte. So, als wolle er sagen: „Unsinn, ALS-Kranke sehen anders aus." Gleichwohl geht er auf meinen Wunsch ein.

Die Elektromyografie (EMG), eine elektrodiagnostische Untersuchung, schmerzt, aber dies ist unwichtig. Das erhoffte Ergebnis stimmt. Zum Glück. Die Faszikulationen seien gutartig, er schließe ALS völlig aus. Ich soll in einem Jahr wieder kommen; zu einer Kontrolluntersuchung. Mir fällt ein Stein vom Herzen.
„Na siehst du", ist die Reaktion meiner Frau, „hab ich's nicht gleich gesagt."

Am darauffolgenden Tag sind alle Symptome verschwunden.

***

Für die Ärzte ist mein Vater austherapiert. Die Metastasen haben mittlerweile beide Lungenflügel befallen; das Rippenfell wurde vor wenigen Tagen in irgendeiner Weise verklebt. Seine Hoffnung, die er auf der Rückfahrt vom Krankenhaus äußert, noch vier oder fünf Jahre leben zu dürfen, soll sich nicht erfüllen. Einen Tag vor Heiligabend erfährt er, dass sein Zimmernachbar vom Krankenhaus, weit jünger als er, völlig unerwartet verstorben ist; - ebenfalls an Lungenkrebs leidend.

Es ist überhaupt ein kleines Wunder, dass mein Vater in seinem Alter noch lebt. Er hatte sich zeitlebens eine Zigarette mit der anderen angezündet. Meine Mutter, mein Bruder und ich waren zum Glück diesem Laster nicht verfallen. Es reichte, Passivraucher sein zu müssen.
Man hatte es meinem Vater in den letzten Wochen angemerkt, dass er trotz seines schwachen Zustandes vor allem das Ziel hatte, seinen fünfundsiebzigsten Geburtstag zu feiern. Das war ihm vergönnt. Es war ein schöner Tag für ihn.
Seitdem baut er ab. Die Krankheit meiner Mutter tut ein übriges, auch wenn jeder der beiden mehr oder weniger mit seinen eigenen Sorgen beschäftigt zu sein scheint.
Mein Vater wird erneut in das örtliche Krankenhaus eingeliefert. Die Medikamente müssen höher dosiert werden; eines morgens scheinen sie nicht mehr zu wirken. Mein Vater ruft in aller Herrgottsfrüh bei uns zu Hause an. „Holt mich hier raus." Wütend wiederholt er den Anruf. Als ich abgehetzt erscheine, haben die Ärzte sein Delirium im Griff.
Täglich mehrmals in das Krankenhaus gehen, Besorgungen für meine Mutter erledigen, mit ihr in eine weiter entfernt liegende Klinik zum Logopäden fahren - die Zeiten sind für meine Frau und mich anstrengend.

Ich spüre eine gewisse Erschöpfung, mein Herz rast. Das tut es schon seit geraumer Zeit. Aber in den letzten Monaten verstärkt. Es schlägt nicht nur schneller, es stolpert und kommt aus dem Rhythmus. Ich verdopple die Dosis an Betablockern, die mein Hausarzt, der auch meine Eltern betreut, verordnet hat.
Mein Vater ist mittlerweile in einen tiefen Schlaf gefallen. Wenn meine Frau laut mit ihm spricht, reagiert er. Er scheint sie von weit zu hören.
Meine Frau und ich unternehmen, was selten genug vorkommt, einen abendlichen Spaziergang. Sie findet meinen Vorschlag in Ordnung, die kommende Nacht im Krankenzimmer neben meinem Vater zu verbringen. Ein letzter Dienst für ihn.
Konkret kann ich natürlich nichts für ihn tun; ich fühle mich aber morgens etwas beruhigter. Zurück im Büro, werde ich von meiner Familie gerufen. Ich fahre voller Panik in die Klinik. Mein Vater ist verstorben. Ich verfluche meine Arbeit, die mich davon abgehalten hat, in seiner letzten Stunde bei ihm zu sein. Er war ein fürsorglicher und guter Vater gewesen.

***

Wir wohnen gegenüber dem Hauptfriedhof. Mit seinem Baumbestand gleicht er einer parkähnlichen Anlage und wäre ein Ort der Erholung, würden nicht die Gräber an das Schicksal der Toten erinnern. So ist es ein Ort der Besinnung. Der Weg zum Grab meines Vaters führt an der Grabstätte eines Mädchens vorbei, das im Alter von siebzehn Jahren an Leukämie verstorben ist. Ihr Schicksal hatte uns berührt. Ihre Eltern hatten mit uns viele Jahre lang den selben Tanzkurs besucht. Alle Bemühungen, die Leukämieerkrankung zu besiegen, waren vergebens. Ich glaube, es gehört zum Schrecklichsten, ein Kind infolge Krankheit oder Unfall zu verlieren.
Auch ich hatte mich damals in die Menschenschlange eingereiht, um Blut zu spenden und mich typisieren zu lassen. Gutgemeinte Aufrufe, die wohl aber in den wenigsten Fällen dem akut Betroffenen helfen. Vielleicht später anderen Erkrankten.
Mich hatte diese seltene Krankheit interessiert und veranlasst, in unserem Gesundheitsbuch darüber nachzulesen. Ein Fehler, wie sich herausstellen sollte.
Mein Nasenbluten dauert nun schon mehrere Tage an; müde und abgeschlagen fühle ich mich auch. Erste Anzeichen einer Leukämieerkrankung sind Blässe, vermehrte Blutungen, Abgeschlagenheit. Bin ich tatsächlich blasser geworden? Der Frühling hat erst begonnen, woher soll da Bräune kommen? Ich will mir keine Hautblässe einreden, aber diese winzig kleinen, roten Punkte an Hals, Brust und Oberarmen waren doch bisher noch nicht da. Volltreffer!
Sämtliche angelesenen Symptome dieser schlimmen Krankheit entdecke ich an mir. Ich kann keinen klaren Gedanken mehr fassen.

Der erste Mai fällt auf einen Freitag; ein verlängertes Wochenende ist angesagt. Ich brauche Gewissheit, egal wie, Hauptsache schnell. Bis kommende Woche warten, das halte ich nicht aus.
Meines Erachtens wäre ein Onkologe der geeignete Ansprechpartner. Selbst in unserer kleinen Stadt gibt es einen - und er scheint auch ausgelastet zu sein, wie ich beim Betreten seines Wartezimmers feststelle.
„Ich habe mein Leben lang nicht geraucht oder getrunken, gesund gelebt, von früh bis spät auf dem Acker gearbeitet, und jetzt das! Krebs im Alter von 70 Jahren." Die Patienten zu meiner Linken tauschen ihre Erfahrungen aus.
Mich beschleicht ein seltsames Gefühl, mitten unter denjenigen zu sitzen, die das Schicksal tatsächlich schwer getroffen hat. Vielleicht gehöre ich in wenigen Minuten dazu.
Die Ärztin der Gemeinschaftspraxis nimmt mein Anliegen ernst, versucht aber sofort mich zu beruhigen. Nasenbluten und Schwäche in Armen und Beinen seien Allerweltsbeschwerden. Die roten Punkte auf der Haut hätte ich bestimmt schon länger und seien mir bisher nur nicht aufgefallen. Solche Punkte kämen im Alter häufig vor. So alt, bitte schön, bin ich noch gar nicht; aber heute komme ich mir alt vor.
Selbstverständlich wolle sie mein Blut mittels eines Schnelltests untersuchen. Das Warten auf das Ergebnis zermürbt. „Ihre Werte sind in Ordnung, die Anzahl der roten und weißen Blutkörperchen liegt im Normbereich." Ich könnte ihr um den Hals fallen und die ganze Welt umarmen.
Mir fallen die Menschen auf, die die Straßencafes bevölkern; vermutlich habe ich sie gedankenverloren beim Gang zum Arzt gar nicht bemerkt. Ich freue mich auf das Wochenende mit meiner Familie.

***

Der Zustand meiner Mutter verschlechtert sich von Tag zu Tag. Zusätzlich zu dem Medikament, das angeblich den Verlauf der Krankheit verzögert, werden ihr logopädische Übungen verordnet. Die ortsansässige Logopädin ist auf Monate im voraus ausgebucht; folglich vereinbaren wir Termine bei einem Sprachtherapeuten in einer der Nachbarstädte. Vornehmlich meine Frau begleitet ihre Schwiegermutter; anfänglich bin auch ich zugegen.
Meine Frau und ich schauen uns entgeistert an, als meine Mutter eines Tages im Wartezimmer des Sprachtherapeuten die Frage stellt, wann sie denn aufgrund der Behandlungen des Logopäden endlich wieder sprechen und schlucken könne und wieder gesund würde. Unsere Familie ist sich längst der Schwere der Krankheit und deren Verlauf bewusst. Aber weder wir noch die Ärzte haben meine Mutter aufgeklärt. Wir weichen ihrer Frage aus.
Mittlerweile wissen meine Frau, mein Bruder und ich, dass das meiner Mutter verordnete Medikament statistisch gesehen nur eine Lebensverlängerung von etwa drei Monaten bewirken soll. Die Ursachen von ALS sind und bleiben wohl auf absehbare Zeit unbekannt; folglich fehlen auch hilfreiche Gegenmittel.

Ich besuche jeden Abend meine Mutter, bringe ihr von meiner Frau auf ihre Bedürfnisse zubereitetes Essen mit, sowie frische Wäsche. Manchmal überrasche ich sie mit Blumen. Ich schäme mich bei dem Gedanken, ihr diese lieber jetzt mitbringen zu wollen, als sie ihr später auf das Grab stellen zu müssen. Wir reden über Alltägliches, die Familie, ebenso auch über ihre Krankheit und die damit verbundenen Probleme. Reden ist das falsche Wort. Ich spreche, sie kann sich nur noch durch Schreiben mitteilen. An manchen Tagen sagen ihre Blicke mehr, als Worte zum Ausdruck bringen könnten. Stets verlasse ich mein Elternhaus mit einem dicken Kloß im Hals. Ich kann meiner Mutter doch nicht das wahre Ausmaß und den schrecklichen Ausgang ihrer Krankheit schildern. Mit dem dicken Kloß im Hals ist es nicht getan. Meist kullern die Tränen, wenn ich die Tür hinter mir schließe. Es belastet mich ungemein.

Der Tag ist absehbar, an dem meine Mutter nicht mehr allein sein kann. Mittlerweile ist sie schon häufiger gestürzt und benötigte dabei bis zu einer Stunde, um wieder auf die Beine zu kommen. Die Kräfte lassen sie immer mehr im Stich. Sie hat fast zwanzig Kilo an Gewicht verloren. Weit gravierender ist die Gefahr, dass sie sich verschluckt. Von einer Flasche Mineralwasser schafft sie mal eben einen Fingerhut voll, den sie letztlich trinken kann. Es ist grauenvoll, dies mit ansehen zu müssen, und ihr nicht helfen zu können.

So kann es nicht weitergehen. Ich suche den Hausarzt auf und traue meinen Ohren nicht: Er vertritt tatsächlich die Auffassung, meiner Mutter keine Magensonde zu setzen, womit sie künstlich ernährt werden könnte. Damit würde nur ihr Leid verlängert. Und dies soll ein Arzt sein, der den hippokratischen Eid geleistet hat? Eine Vertreterin des bundesweiten Vereins für ALS-Kranke bestätigt mich in einem Gespräch in meiner Auffassung. Unser Hausarzt dreht seine Meinung in Windeseile um hundertachtzig Grad, nachdem ich ihn über diese Unterredung informiert habe. Er befürwortet nunmehr die Einweisung in das Krankenhaus, um meiner Mutter einen künstlichen Mageneingang legen zu lassen.

Wir räumen in unserer Wohnung ein Zimmer leer, um meine Mutter nach ihrer Entlassung aus der Klinik aufnehmen zu können. Meine Mutter weint am Abend vor der Einweisung, da es ihr bewusst wird, dass sie in ihr eigenes Haus nicht mehr zurückkehren wird. Ich bin überzeugt, dass sie sich mittlerweile der Schwere ihrer Krankheit voll im Klaren ist und den

Glauben auf Besserung aufgegeben hat. Auch ohne dass ich ihr dies bestätigen musste. Sie war so lebensbejahend und hatte sich bis vor kurzem, trotz ihres Alters, noch so viel vorgenommen.

Sie überlebt den Krankenhausaufenthalt nicht. In einer Mischung aus Wut und Ungläubigkeit fahren wir spätabends, drei Tage nach ihrer Aufnahme, in die Klinik, die uns mitteilen lässt, dass meine Mutter soeben verstorben sei. Es liegt keine Verwechslung vor. Wir sind bestürzt und können es nicht fassen. Herz-Kreislauf-Versagen soll die Ursache für ihren Tod sein. Mich wundert dies nicht, hat man ihr doch eine Infusionsflasche nach der anderen an den Tropf gehängt. Ihr, deren Körper im Laufe der vergangenen Wochen infolge der geringen Flüssigkeitszufuhr mehr und mehr ausgetrocknet war. Das muss jeden Kreislauf und jedes Herz belasten. Für mich ein eindeutiges Versagen des verantwortlichen Krankenhauspersonals. Aber wem helfen in dieser Situation Schuldzuweisungen?

Erst im Laufe der folgenden Tage und Wochen wird uns bewusst, was meiner Mutter erspart geblieben ist. Auch die häusliche Pflege wäre für unsere Familie eine bisher nie gekannte Herausforderung gewesen. Auf jeden Fall fehlt meine Mutter uns sehr.

Meine Frau vertritt noch heute die Auffassung, dass meine Mutter an diesem Abend sterben wollte, zum einen mit dem beruhigenden Gefühl und der Gewissheit, wir hätten sie bei uns aufgenommen, andererseits aber mit dem Wunsch, uns nicht zur Last fallen zu wollen. Ob es der Mensch tatsächlich so steuern kann oder jemand anders dies für ihn bestimmt? Die Frage bleibt unbeantwortet.

***

Ich hätte fast darauf wetten können: Meine Mutter ist noch keine drei Wochen tot, schon beginnen die Muskelzuckungen erneut. Aber nicht mit mir, schließlich wurde es doch vor etwa einem Jahr vom Arzt abgeklärt.
Das gute Zureden hilft nicht. Ich spüre die Zuckungen nicht nur, ich beobachte sie. Ich widme ihnen zu viel Aufmerksamkeit, wie es den Anschein hat. Es ist ein innerer Drang, der mich veranlasst, immer wieder die Gedanken und Blicke auf Arme und Beine zu richten.
Alle Versuche, dem Herr zu werden, fruchten nichts. Die Vorstellung, von der Krankheit ALS betroffen zu sein, überwiegt offensichtlich, trotz aller Argumente, die dagegen sprechen. Ich stelle zwar nicht die Ergebnisse der letzten ärztlichen Untersuchung in Frage, aber seitdem ist nun einmal Zeit verstrichen. Was kann da nicht alles geschehen sein. Zumal bei dieser Krankheit diskutiert wird, sie könne auch durch emotionalen Schock ausgelöst werden. Und Schocks dieser Art habe ich in den vergangenen Monaten wahrlich genügend erlebt.
Gewissheit bekomme ich nur dadurch, dass ich wieder einen Spezialisten aufsuche. Der Neurologe in F soll es diesmal nicht sein. Über das Internet mache ich die Adresse eines anderen Nervenarztes in H ausfindig. Ich entscheide mich für ihn, da er auf seiner Homepage umfangreich und detailliert unzählige Krankheitsbilder und deren eventuelle Behandlung beschreibt, auch ALS.
Er erscheint mir nicht unsympathisch und ich versuche, mit dem Bericht über meine Mutter bei ihm Eindruck zu erwecken. Er soll merken, dass ich weiß, wovon ich spreche und den weiten Weg nicht unternommen habe, um durch ein Gespräch „geheilt“ zu werden. Auch er führt eine EMG-Untersuchung

durch und macht die mir mittlerweile bekannten sonstigen neurologischen Tests.

Das Gefühl ist nur schwer zu beschreiben, als er mir die sehnlichst erhoffte Diagnose mitteilt: „Es besteht kein Grund zu der Annahme, dass auch Sie die Krankheit Ihrer Mutter haben."

***

Schon kurze Zeit nach dem Tod meiner Mutter steht für meine Familie und mich fest, dass wir bei unserem bisherigen Hausarzt nicht länger bleiben. Nicht dass ich ihm ankreide, er hätte die Krankheit meiner Mutter falsch diagnostiziert. Dieser Vorwurf könnte in Richtung Nervenärztin zielen, wiewohl auch deren rechtzeitige Feststellung der Krankheit meiner Mutter letztlich nicht geholfen hätte. Auch bekommt ein Allgemeinmediziner vielleicht ein Mal während seiner beruflichen Praxis einen ALS-Patienten zu Gesicht. Erschüttert sind wir vielmehr über seine Ansicht, Patienten keine Magensonde legen zu lassen, so dass diese in letzter Konsequenz verhungern. Alles mit dem Argument, ihr Leiden würde nur verlängert.
Einem Krankenhaus in unserer Stadt hat sich ein Internist mit seiner Praxis angeschlossen. Er hat sich auf Magen- und Darmkrankheiten spezialisiert. Ich kenne ihn bereits von früheren Besuchen. Er ist ein angesehener Arzt. Seine Praxis ist gut frequentiert und trotzdem nimmt er sich Zeit für seine Patienten. Er hört mir zu, und ich habe nicht das Gefühl, dass er aus Kostenerwägungen notwendige Maßnahmen unterlässt.
Ich muss ihn aufsuchen. Blut im Stuhl und Bauchschmerzen sind Gründe genug, dies untersuchen zu lassen. Es versteht sich mittlerweile schon fast von selbst, dass ich dies nicht auf harmlose Ursachen zurückführe, sondern schon wieder das Schlimmste vermute: Krebs.
Das Wenige, das ich mir hierzu in unserem Gesundheitsbuch angelesen habe, reicht aus. Blut und Schmerzen sind auch Symptome von Darmkrebs.
Der Arzt schlägt eine Darmspiegelung vor. Mir graut davor, bin ich doch bei der letzten proktologischen Untersuchung ohnmächtig geworden.

Selbstverständlich stimme ich zu und nehme den Termin wahr; nur so können meine Befürchtungen ausgeräumt werden. Sie sollen ja gerade nicht bestätigt werden. Nur deshalb lasse ich solche Untersuchungen über mich ergehen. Noch gilt bei mir das Prinzip „Hoffnung“.
Ich bin verwundert, wie gering die Beschwerden dieses Mal bei der Darmspiegelung sind. Kein Vergleich mit früher. Noch benebelt von der Spritze höre ich leise die Stimme des Internisten: „Eine kleine Gewebsprobe wurde genommen.“

***

„Den Krankenkassen laufen die Ausgaben davon. Das Gesundheitswesen kostet die Beitragszahler Milliarden, Tendenz steigend“, lese ich in einer Zeitschrift, die im Wartezimmer des Internisten ausliegt. Und ich habe meinen Teil dazu beigetragen. Ich kann mir gut vorstellen, dass meine Arztbesuche und die damit verbundenen Untersuchungen eine Menge Geld kosten. Zwar zahle ich monatlich den Höchstbetrag als freiwilliges Mitglied meiner Krankenkasse; ob deren Rechnung in meinem Fall allerdings aufgeht, wage ich langsam zu bezweifeln.

Aber was soll ich tun? Es heißt doch, lieber zu früh als zu spät zum Arzt zu gehen. „Treffen Sie Vorsorge“, werden wir allenthalben aufgefordert. Letztlich wäre wohl auch der Krankenkasse nicht damit gedient, wenn ich aus Kostengründen verspätet ärztliche Hilfe in Anspruch nähme. Es käme sie vermutlich nur noch teurer zu stehen; vorausgesetzt, ich bin tatsächlich krank und bilde es mir nicht nur ein.

Die Tatsache, dass ich oft, und wie sich bisher herausgestellt hat, unnötigerweise die Ärzte aufgesucht habe, hält mich nicht davon ab, bei jeder Angstattacke sofort zu ihnen zu laufen.

Auch die Praxisgebühr trägt nicht dazu bei, die Ärzteschaft weniger häufig zu konsultieren. Ich werde doch nicht wegen dieser paar Euro mein Leben aufs Spiel setzen und deshalb auf den ärztlichen Rat verzichten. Dann spare ich das Geld eben an anderer Stelle ein. Mir gegenüber brauche ich kein schlechtes Gewissen zu haben und meine Frau unterstützt mich in dieser Haltung. Ich habe außerdem keine teuren Hobbys. Anderen gegenüber, der Gesellschaft bzw. der Gemeinschaft der Versicherten, habe ich schon weit eher ein ungutes Gefühl, und es überkommt mich eine gewisse Scham, wenn ich an die Kosten denke, die meine Konsultationen verursachen. Die

Arztbesuche eines Hypochonders, so erfahre ich zu einem späteren Zeitpunkt, haben in einem Jahr zehn Mal höhere Kosten zur Folge, als bei den Menschen, die sich Krankheiten nicht einreden.
Ebenso peinlich ist mir der Gedanke, wie wenig ein Arzt pro Quartal an mir verdient. Meines Wissens kann er aufgrund der sogenannten Kopfpauschale nicht mehr als einmal abrechnen, auch wenn ich ihn ein Dutzend Mal pro Vierteljahr aufsuche.
Mein Arzt, auf dessen Untersuchungsergebnis ich warte, während mir diese Gedanken durch den Kopf gehen, hat mich in dieser Hinsicht bisher beruhigt. Noch lege er, so habe ich ihn verstanden, nicht drauf. Auch seine Frau, die in der Praxis mithilft, hat mir auf meine Bedenken, die ich irgendwann einmal zum Ausdruck brachte, zu verstehen gegeben, dass es ihnen hierauf nicht ankomme.
Kein Vergleich mit dem Arzt meiner Frau, der sie im Januar mit den Worten verabschiedet: „Kommen Sie gut über den Winter“ und im April mit dem Wunsch „Kommen Sie gut durch das Frühjahr“, aus Angst, sie könne ihn im selben Quartal nochmals aufsuchen und sein Budget belasten.
Ich werde aufgerufen, in das Besprechungszimmer zu gehen.

***

Der Internist lässt sich die Akte bringen; sie wird von Mal zu Mal dicker und scheint bald aus den Nähten zu platzen. Meine Mappe muss voll von Berichten, Auswertungen und Aufzeichnungen sein, ohne dass bisher jemals ein ernsthafter Befund in ihnen festgehalten worden wäre.

„Ich nehme Ihre Bedenken durchaus ernst. Sie haben eine Divertikulose, sie ist vermutlich der Auslöser Ihrer Beschwerden. Divertikel dürfen nicht mit Polypen verwechselt werden, die bösartige Geschwüre verursachen können. Bitte auch auf entsprechende Ernährung achten. Die Probeentnahme, die wir vorsorglich machten, hatte keinen negativen Befund."
Jahre später erkenne ich in Aufsätzen zum Thema „Hypochondrie", dass seine Antworten geschickt, wohlmeinend und letztlich klug sind. Er tut mich nicht als reinen Hypochonder ab. Er bietet mir sozusagen etwas an, worauf ich die - zweifelsfrei vorhandenen - Beschwerden zurückführen kann, selbst wenn die organischen Ursachen vielleicht gering sind. Vermutlich nehmen die meisten Menschen in diesem Stadium eine Divertikelkrankheit noch gar nicht wahr.

Bereits Monate zuvor - ich hatte ihn wegen unspezifischer Bauchschmerzen konsultiert - hatte er ebenfalls versucht, mich auf diese Art und Weise zu beruhigen. Weder wurde ein gutartiges oder, wie von mir befürchtet, bösartiges Magengeschwür diagnostiziert, noch sollte ein „nervöser Magen" ursächlich sein. Eine Helicobacter-Infektion wurde festgestellt und anschließend medikamentös bekämpft. Inwieweit damals diese Bakterien tatsächlich so zahlreich und aggressiv vorhanden waren, um für meine Magenschmerzen verantwortlich zu sein, vermag ich im Nachhinein nicht zu beurteilen.

„Wehwehchen“ hatten sich bei mir zu einer „schlimmen“ Krankheit hochgeschaukelt, anders kann ich es mir nicht erklären. Womöglich trieben diese Bakterien schon seit Jahren ihr Unwesen, ohne dass mich dies besonders belastet hätte.

Ich erkläre dem Arzt, dass ich ihn aufsuche, weil ich Schmerzen habe, wenn auch leichte, nicht aber, um krankgeschrieben zu werden. „Ich bin selbständig, muss arbeiten, um meine Familie zu ernähren. Ich habe weder die Absicht, noch kann ich es mir finanziell leisten, krank zu machen.“ Sein Nicken interpretiere ich als Zustimmung.

Ich kenne viele Menschen, die es darauf anlegen, Schwerbehindertengrade zu sammeln. Bei ihnen stehen weniger die Gedanken an beispielsweise steuerliche Vergünstigungen oder an Vorteile bei der Benutzung öffentlicher Verkehrsmittel im Vordergrund als vielmehr die Überlegung, eines Tages als Berufs- oder Erwerbsunfähiger eingestuft zu werden und nicht mehr arbeiten gehen zu müssen.
Ich gehöre gewiss nicht zu dieser Personengruppe.

***

Mir fällt auf, wie schnell ich mich von den Untersuchungsergebnissen der Ärzte beeinflussen und überzeugen lasse, wenn - und dies ist der entscheidende Punkt - sie durch Apparaturen und Messungen ermittelt werden. Blutanalysen, Röntgen, Computertomografie, Magnetresonanztomografie, Elektromyografie, Ultraschall, Magen- und Darmspiegelungen, Sonografie: alles Maßnahmen, die, wenn sie vorgenommen werden und keine ernsthafte Krankheit zutage fördern, dazu führen, dass relativ bald die Symptome verschwinden. Und das bei mir, der zwei linke Hände hat, von Technik nichts versteht und ihr gegenüber daher schon immer skeptisch war!

Woher diese Technikgläubigkeit kommt, kann ich beim besten Willen nicht nachvollziehen.

Mittlerweile gilt dies mit Einschränkungen. In jüngster Zeit hat in dem einen oder anderen Fall auch eine einzelne Apparateuntersuchung nicht ausgereicht. Dann mussten weitere hinzukommen, bis ich schließlich beruhigt war.

Zumindest steht bisher fest, dass gutes Zureden oder lediglich Gespräche, die mich beruhigen sollten, etwa mit Ärzten, Psychologen oder Psychotherapeuten, sowie das Studium von Literatur nichts gebracht haben. Im Gegenteil, sie haben mein Leiden stets verschlimmert.

Ich sollte wohl besser nicht erwähnen, dass es mein Wunsch war, nach dem Schulabschluss Psychologie zu studieren.

***

„Sie waren zwei Stunden und zehn Minuten online.“ Meine Güte, wie die Zeit verrinnt. Und was habe ich jetzt gewonnen? Ich darf gar nicht daran denken, dass ich in diesen beiden Stunden hätte Geld verdienen können und mit meiner Arbeit voran gekommen wäre. Mittlerweile betrachte ich das Internet als einen meiner größten Feinde, wenn es um das Thema Hypochondrie geht. Man braucht unter einer der zahlreichen Suchmaschinen nur das Wort der befürchteten Krankheit einzugeben und erhält Hunderte, wenn nicht gar Tausende von Treffern.
Im Lauf der Zeit habe ich Routine entwickelt. Ich öffne in der Regel nur noch die Seiten, die von Forschungseinrichtungen und dergleichen stammen. Die der pharmazeutischen Industrie oder generell derjenigen, die kommerzielle Zwecke verfolgen, vermeide ich. Sie stellen alles in einem zu günstigen Licht dar und propagieren insbesondere ihr eigenes Medikament, das sie auf den Markt gebracht haben.
Aber auch bei den Berichten der Ärztevereinigungen oder Forschungszentren gilt es aufzupassen. Sie werden üblicherweise eingeteilt in Aufsätze für Patienten und solche für Berufsangehörige. Die Patienteninformationen sind ebenso wie die Berichte der Pharmaindustrie zu optimistisch und erwecken Hoffnungen, die meist nur in künftigen Forschungsergebnissen begründet sind. Wer die realitätsnahen Fakten kennenlernen will, muss die für die Ärzteschaft bestimmten Seiten öffnen.

Doch da beginnt das eigentliche Problem. Ich verstehe nichts oder nur wenig, verwechsle Dinge oder interpretiere sie falsch. Wenn ich nur an den Artikel über Bauchspeicheldrüsenkrebs denke, den ich aufgerufen habe. Da ist die Rede von duktalem Adenokarzinom, adenosquamösem Karzinom, Azinuszellkarzinom, muzinösem Adenokarzinom, Mikroadenokarzinom oder einem muzinösem Zystadenokarzinom. Was sind die Unterschiede? Keine Ahnung. Dabei wäre es so wichtig, diese Begriffe tatsächlich zu verstehen. Schließlich beträgt die Überlebensrate beispielsweise bei einem muzinösem Zystadenokarzinom ein Jahr nach Ausbruch der Krankheit 100%, während sie bei einem Mikroadenokarzinom mit 0% angegeben wird.

Aber was soll ich machen? Es ist wie eine Sucht, zu den von mir befürchteten Krankheiten Informationen zu erhalten. Was sind deren Symptome, decken sie sich mit meinen? Wie verläuft die Krankheit, welche Heilungschancen bestehen, gibt es Medikamente, die auch tatsächlich helfen, und so weiter. Da die Arten von Krankheiten, die ich mir einrede, in der Regel einen tödlichen Ausgang nehmen - mit Schnupfen gebe ich mich nicht ab - interessieren mich die Überlebenszeiten. Welche Gruppe von Betroffenen hat die größten Erfolgsaussichten?

Man muss sich nur genügend Zeit nehmen und bekommt im Internet mit Hilfe von Suchmaschinen auf fast jede Frage eine Antwort. Ob sie einem gefällt, ist etwas anderes. Meist sind die Antworten ernüchternd, wenn nicht gar erschreckend. Wie sollen sie auch, bei Krankheiten, die nun Mal noch nicht hinreichend erforscht sind und derzeit nicht befriedigend behandelt werden können.

„Vielleicht habe ich doch die falsche Seite aufgerufen." Also wähle ich eine andere, wenn das von mir gewünschte Ergebnis nicht gefunden wird. Je jünger das Datum, zu dem der Artikel im Internet eingestellt wurde, um so eher die Chance, auf neue, segensreiche Erkenntnisse zu stoßen. Bilde ich mir zumindest ein. So vergehen Stunden um Stunden im Internet.

Es ist schon frappierend, welche Informationen das Internet bietet und, wie in meinem Fall, auch Hoffnungen wecken kann.

Ich denke beispielsweise an den ALS-Patienten aus den USA, der minutiös in Form eines Tagebuchs im Internet seinen Kampf gegen die Krankheit schildert und dabei auch unkonventionelle Methoden verwendet. So berichtet er, dass er täglich mehrere Liter Wasser trinke, um die schädlichen Ansammlungen an seinen Nervenenden auszuspülen. Er schwört darauf, weil er Besserung verspürt gegenüber den Tagen, an denen er das Trinken in großen Mengen vernachlässigt. Solche Ratschläge findet man selbstverständlich in keiner wissenschaftlichen Abhandlung. Aber sie helfen mir komischerweise und geben mir Hoffnung, wenn ich mir vorstelle, dass auch ich künftig diese Hinweise befolgen muss und werde, falls meine Befürchtungen tatsächlich eintreffen sollten. Meiner Mutter hätten solche Tipps übrigens nicht geholfen. Sie war zum Schluss kaum noch in der Lage zu trinken. Bei ihr begann die Krankheit dort, wo sie üblicherweise bei ALS-Patienten endet.

Nie zuvor gab es die Möglichkeit, mit wildfremden Menschen über seine Krankheitsängste zu kommunizieren und dies, ohne die eigene Identität preisgeben zu müssen. „Chatten“ im „Chatroom“ heißen die Zauberwörter. Die Fragen und Antworten in diesen Dialogen - meist schalten sich viele Teilnehmer ein - sind von persönlichen Eindrücken bestimmt, zeugen aber selten von Fachwissen. Ich habe mich noch nie eingeklinkt, da ich bisher davon ausgegangen bin, es würde mir bei konkretem Anlass ohnehin nicht weiterhelfen. Andererseits verspüre ich eine gewisse Erleichterung, wenn ich durch diese veröffentlichten Kommentare erfahre, wie sehr auch andere Menschen verängstigt sind und leiden, und dass ich nicht der Einzige bin, dem dies widerfährt.

Das Internet hat - nebenbei bemerkt - dazu beigetragen, dass mir Begriffe wie Hämoglobin, Triglyceride, Hämatokrit, Thrombozyten oder ähnliches, die ich früher nicht ohne

Stottern herausgebracht hätte, mittlerweile fast wie von selbst über die Lippen kommen. Ich entwickle mich immer mehr zu einem Amateurmediziner.

***

Ich habe viele Ängste, vermutlich zu viele.

Ich leide unter Höhenangst. Als Jugendlicher bin ich bis zur ersten Etage des Eiffelturms in Paris hochgeklettert. Stufe um Stufe, den Blick durch das Stahlgerüst nach unten gerichtet. Wenn ich mir dies in Erinnerung rufe, muss ich einerseits schmunzeln, weil mir dies damals problemlos gelang, andererseits wird mir schwindlig bei dem Gedanken, dies zu wiederholen. Bereits wenige Jahre später hatte ich das Gefühl, eine innere Kraft treibt mich zum Springen aus der Höhe. Ich vermeide, wenn es irgendwie geht, Balkone, Sessellifts, Aussichtstürme und dergleichen. Sollte ich in einem Preisausschreiben eine Ballonfahrt gewinnen, würde ich den Freiflug umgehend verschenken. Wir wohnen im Parterre, gerade hoch genug für mich.

Ich habe Angst vor Hunden. Auch wenn die Psychologie, wie ich gelesen habe, zwischen Angst und Furcht unterscheidet - Furcht sei objektbezogen und Angst werde als Gefühlszustand definiert, der einer unbestimmten Lebensbedrohung entspreche - so ist mir diese feine Differenzierung in dem Augenblick, da ich vor dem Hund stehe, ziemlich schnuppe. Ich fürchte mich und/oder habe Angst vor ihm. Mit Tieren bin ich nicht aufgewachsen. Meine Briefträgertätigkeit während der Semesterferien hat die Furcht vor Hunden nicht vermindert, im Gegenteil. Oft genug bin ich, die Tasche voller Briefe, vor den „Biestern" davongestürmt. Die Tiere spüren, ob man Respekt und Angst vor ihnen hat oder nicht.

Ein Donnerschlag in der Ferne, schon packe ich meine Sachen und suche sicheren Unterschlupf. Meine Eltern haben es in meinem Kindesalter vorexerziert. Drohte ein Gewitter, wurden sämtliche Stecker aus den Steckdosen gezogen (merkwürdigerweise aber in allen Zimmern das Licht eingeschaltet), Jalousien heruntergelassen, Türen verschlossen. Und wehe, einer aus der Familie drehte den Wasserhahn auf! Wenn es besonders heftig donnerte und blitzte, flüchteten wir in den Keller. Kein Wunder also, dass ich Angst vor Gewittern habe. Der Apfel fällt nicht weit vom Stamm.

Seitdem meine Söhne ihren Führerschein in der Tasche haben, schlafe ich noch unruhiger. Insbesondere der jüngere kommt zu Zeiten nach Hause, da andere zur Frühschicht gehen. Seine Freunde wohnen meist nicht um die Ecke, die Veranstaltungen und Diskotheken sind in der Regel irgendwo auf dem Dorf. Mit dem Wagen der Freunde oder der Mutter fährt er auf kurvenreichen Landstraßen dorthin. Mir geht es nicht um Schäden am Auto. Ich habe schlichtweg Angst, er könnte in einen Unfall verwickelt und verletzt werden. Höre ich ein Martinshorn in der Ferne und sind meine Söhne unterwegs, beschleicht mich das komische Gefühl: Sie werden doch hoffentlich damit nichts zu tun haben. Die Furcht vor Überfällen in der Dunkelheit kommt hinzu.

Als wir vor zwanzig Jahren unsere jetzige Wohnung bezogen, glaubte ich, eine gute Entscheidung getroffen zu haben. Stadtnah, im Grünen gelegen und verkehrsberuhigt. Mittlerweile ist das Gegenteil der Fall. Die Straße vor dem Haus ist zu einer Tangente geworden; mehrere Schulen und Geschäfte in unmittelbarer Nachbarschaft haben ebenso ihren Teil dazu beigetragen, wie die generelle Erhöhung des Verkehrsaufkommens. Ich male mir immer öfter aus, wie die Tausenden von Kraftfahrzeugen, die täglich vorbeifahren, ihre schädlichen Abgase in unsere tiefergelegene Wohnung im Gartengeschoss pusten. Mit offenen Augen liege ich nachts im Bett und zähle die vorbeifahrenden Autos. Ich sehe den Tag kommen, an dem einer aus der Familie aufgrund der Abgase eine Lungenkrankheit davonträgt.

Die Verwandtschaft meiner Frau wohnt mehrere hundert Kilometer von uns entfernt. Die Besuche beim Schwiegervater oder Schwäger und Schwägerinnen gestalten sich bei mir zu einem mittleren Drama. Da wir in der Regel am gleichen Tag hin- und zurückfahren, bin ich vermutlich innerlich so angespannt, dass ich in der Nacht zuvor kein Auge zumache. Ich trete jede längere Autofahrt unausgeschlafen an und kehre völlig übermüdet zurück. Lebensgefährlich! Wenn ich ansonsten regelmäßig vor dem Fernsehapparat einschlafe, so kann ich darauf wetten, dass mir dies am Abend vor solchen Fahrten nicht passiert. Ich vermute, es ist die Angst vor dem Verkehr auf den Autobahnen. Dabei habe ich, von zwei kleineren selbst verursachten Bagatellunfällen abgesehen, die Erde bestimmt schon ein Dutzend Mal umkreist, ohne Schaden zu nehmen.

Ich habe Angst, in meinem Beruf Fehler zu machen. Fehler macht jeder. Ich fürchte mich vor gravierenden Schäden, für die ich finanziell haftbar gemacht werden könnte. Existenzangst macht sich in solchen Momenten breit. Ich hatte schon häufig diese Sorgen, die letztlich wohl nur das Ergebnis einer übertriebenen Vorsicht waren. Vielleicht hatte ich bis jetzt aber auch nur Glück.

In jüngerer Zeit habe ich auch eine generalisierte Angst vor terroristischen Anschlägen. Schließlich wohnen wir in unmittelbarer Nähe eines Atomkraftwerkes. Ich befürchte, die Sicherheitsvorkehrungen sind gering. Kein Mensch klärt uns auf, wie wir uns in einem Ernstfall verhalten müssen. Ich habe mein Leben großteils gelebt, aber meine Kinder?

Selbstverständlich hatte ich schon von jeher Prüfungsangst oder Lampenfieber. In der Dunkelheit habe ich mich noch nie wohlgefühlt. Das Klischee von Menschen, die nur pfeifend in den Keller gehen, trifft voll auf mich zu. Die Gangway eines Flugzeugs hinabzusteigen ist mir hundert Mal lieber als umgekehrt. Und, und, und. Die Zahl meiner Ängste ließe sich fortsetzen.

Wer unter so vielen Arten von Ängsten leidet, hat sicherlich nicht automatisch Angst vor Krankheiten. Wissenschaftlich dürfte sich, so vermute ich, kein Zusammenhang ableiten lassen. Und trotzdem werde ich das Gefühl nicht los, dass bei jemandem wie mir, der in vielerlei Hinsicht ängstlich ist, Krankheitsangst auf fruchtbaren Boden fällt. Sensibel, introvertiert, wenig selbstbewusst, nah am Wasser gebaut - alles Charaktereigenschaften, die auf mich zutreffen und offenbar Hand in Hand gehen mit meiner Hypochondrie. Ob Dachdecker, Fallschirmspringer, Söldner, Boxer usw. ähnlich veranlagt sind? Vermutlich nicht.

Inwieweit die Gene bei mir eine Rolle spielen, vermag ich nicht abschließend zu beurteilen. Die Furcht vor Tieren, insbesondere vor Hunden, dürfte ich in der Tat von meiner Mutter „geerbt" haben. Gleiches gilt in Bezug auf Gewitter. Mag meine Mutter auch nicht übertrieben ängstlich gewesen sein, so war sie in punkto Autofahren schon ein Unikum. Sie selbst hatte keinen Führerschein und bremste dennoch als Beifahrerin an jeder Ecke und bei jeder angeblich gefährlichen Situation. Sie machte ungewollt jeden Autofahrer nervös. Dass sie Angst vor Krankheiten gehabt hätte, ist mir nicht bekannt.
Umgekehrt hoffe ich, meinen Kindern keine meiner Ängste vermacht zu haben.

***

Allmählich stelle ich fest, dass bei keinem der wiederholten Arztbesuche die jeweils befürchtete Krankheit diagnostiziert wurde, ich sie mir offensichtlich also nur eingeredet habe. Ich muss mir so langsam die Frage nach dem Warum meiner Krankheitsängste stellen. Damit verbunden ist auch, was ich tun kann, um sie zu vermeiden. Es ist nicht einfach, an sich selbst Psychologie zu betreiben.
Als eine der möglichen Ursachen mache ich Stress aus. Beruflichen Stress. Mein Beruf bringt eine Menge Termindruck mit sich. Ständig sind Fristen einzuhalten, komplizierte Computerprogramme oder Ärger mit dem Personal tun ein Übriges. Für einen Einzelkämpfer wie ich es bin, ist es nicht einfach, zu bestehen. Ich habe keine 35-Stundenwoche. Zehn bis zwölf Stunden täglich sind die Regel. Freitags abends schleppe ich Kisten voller Akten nach Hause, die am Wochenende bearbeitet werden. Meinen Angestellten steht doppelt so viel Urlaub zu, wie ich mir genehmige.
Von Beginn an habe ich mir zu viel Arbeit aufgebürdet. Nicht aus Raffgier, sondern aus der Sorge und Skepsis heraus, eines nicht allzu fernen Tages beschäftigungslos zu sein. Ich habe die Anhänglichkeit der Kundschaft unterschätzt. So ist es bis heute geblieben.
Ich beschwere mich nicht darüber. Keiner hat mich dazu gezwungen. Es gibt sehr viele Berufe, die weitaus anstrengender sind und noch mehr Verantwortung beinhalten. Gleichwohl belasten mich die Anforderungen, die an mich gestellt werden. Sie verursachen nervliche Anspannung und Nervosität, die körperliche Missempfindungen (bspw. Herzrhythmusstörungen) zur Folge haben. Die Missempfindungen verstärken sich zu Symptomen einer Krankheit, und die Misere nimmt ihren Lauf.

Ich weiß seit langem um diesen negativen Stress bei mir (es soll auch positiven Stress geben). Sämtliche Versuche, dem entgegenzuwirken, sind bisher gescheitert.
Meine Bemühungen, dem negativen Stress einen positiven entgegenzusetzen, etwa indem ich Sport getrieben hätte, habe ich nach kurzer Zeit wieder eingestellt. Was hat meine sportliche Frau nicht schon alles an Geräten beigeschafft, um ihren Mann (halbwegs) fit zu machen: Laufband, Heimtrainer, Fahrrad usw. Nach anfänglicher Euphorie ist alle körperliche Betätigung wieder eingeschlafen. Eigentlich bin ich am Sportgeschehen interessiert und war im Sportunterricht in der Schule sogar an vorderster Front zu finden. Aber jetzt im Alter verläuft alles im Sand.
Ich bezweifle überhaupt nicht die Notwendigkeit und den gesundheitlichen Nutzen sportlicher Betätigung. „Mens sana in corpore sano“ oder „Gesunder Geist in gesundem Körper“, wie es so schön heißt. Auch die Ärzte haben mir wiederholt den Ratschlag gegeben, Sport zu treiben. Letztlich aber schiebe ich die Menge Arbeit, die mich umgibt, als Ausrede vor. Anscheinend geht es mir noch nicht schlecht genug.
Aufgrund meiner Rückenbeschwerden, die mich seit meiner Jugend begleiten, schickte mich meine Frau ins Fitness-Center. Karteileichen, wie ich jahrelang eine war, sind bei den Betreibern solcher Studios besonders beliebt.
Wenn ich schon nicht mit sportlicher Betätigung die Kurve kriege, so sage ich mir, dann will ich es wenigstens mit Autosuggestion versuchen. Also melde ich mich zu einem Kurs „Autogenes Training” an. Die Übungen sind mir nicht fremd; bereits Anfang der siebziger Jahre hatte ich mich darin versucht. Ich nehme regelmäßig an den Sitzungen teil. Die Konzentration in der Gruppe aber fällt mir schwer; ständig werden meine Gedanken abgelenkt. Auch die Hausaufgaben vernachlässige ich. So kommt, was kommen muss: Das

autogene Training bringt mich nicht weiter, obwohl es möglicherweise beim Stressabbau geholfen hätte.

Einen großen Einfluss auf meine Krankheitsängste dürften wohl die Schlüsselerlebnisse im Familien- und Bekanntenkreis haben. Die Konfrontation mit gravierenden Krankheiten wie ALS oder Krebs hat einen gehörigen Beitrag dazu geleistet.
So wäre ich im Leben nicht auf die Idee gekommen, mir die Krankheit ALS einzubilden, wäre meine Mutter nicht davon betroffen gewesen. Dazu ist diese Krankheit viel zu selten, als dass ich deren Symptome an mir hätte verspüren können. Ich kannte bis zu diesem Zeitpunkt die Worte amyotrophe Lateralsklerose gar nicht.
Auch Blutkrebs kommt zum Glück nicht so häufig vor. Gleichwohl litt ich unter der Befürchtung, an Leukämie erkrankt zu sein, nachdem im Bekanntenkreis ein solcher Fall eingetreten war. Von da an war es nur noch eine Frage der Zeit, dass ich mir auch andere häufig vorkommende Krankheiten wie Krebs oder Herzkreislauferkrankungen einbildete, wenn Verwandte, Freunde oder Bekannte daran starben.
In dieser Situation könnte eine größere Portion Egoismus und Gleichgültigkeit anderen gegenüber helfen, statt sich das Leid der ganzen Welt zu eigen zu machen.
Eigenartigerweise bin ich bisher davon verschont geblieben, mir Krankheiten wie z.B. SARS oder Vogelgrippe einzubilden. Vermutlich sind diese Krankheiten noch zu exotisch und sind bisher in unseren Regionen zu selten aufgetreten, als dass ich sie mir hätte einreden können. Auch zum Thema BSE sollte ich mir am besten nichts anlesen. Zur Risikogruppe von Aids gehöre ich nicht, folglich auch hier Fehlanzeige. Ich meine, es genügt auch so.

Ich räume ein, dass ich bei der Beurteilung eines jeden Krankheitssymptoms falsch an die Sache herangehe. Habe ich beispielsweise Husten, Kopf- oder Bauchschmerzen, so steht für mich mehr oder weniger die zugrundeliegende Erkrankung bereits fest. Es kann außerdem nur eine schlimme Krankheit sein. Bin ich bei meiner Einschätzung, von welcher Krankheit ich heimgesucht sein könnte, nicht ganz sicher, so genügt ein Blick in unser Gesundheitsbuch oder medizinisches Wörterbuch. Anschauliche Abbildungen verdeutlichen, welche Organe sich an welchen Körperstellen befinden und von welchen Krankheiten sie befallen sein könnten. Suche ich bei meiner Recherche in Literatur oder im Internet nach dieser Krankheit, dann müsste es mit dem Teufel zugehen, wenn die Symptome, die ich an mir feststelle, nicht auch genannt würden, und sei es nur als nebensächliche, begleitende Erscheinung.

Ich komme gar nicht auf die Idee, unter den Stichwörtern Husten, Kopf- oder Bauchschmerzen nachzulesen, bekäme ich hier doch Dutzende von möglichen Ursachen geliefert. Ich sollte dies unbedingt und schleunigst ändern.

Ständige Selbstbeobachtungen und Selbstdiagnosen sind fatal. Das Dilemma beginnt morgens mit dem Blick in den Spiegel und setzt sich tagsüber mit weiteren Beobachtungen am Körper fort. Pigmentflecken, verdickte Venen, Blutergüsse, Schwellungen, rote Pusteln, Hautabschürfungen: ein unerschöpflicher Reichtum an äußerlichen Veränderungen, die da nicht hingehören und bisher noch nie zu sehen waren, oder doch? Wieso sind plötzlich die Lymphdrüsen in den Achselhöhlen angeschwollen, warum sind die Adern und Venen sichtbar? „Ich habe es doch zuvor nie bemerkt und behaupte keiner, ich hätte nicht schon immer täglich in den Spiegel geschaut.“ Sind diese festgestellten Veränderungen Ausdruck einer neuen Krankheit? War bis zu diesem Zeitpunkt noch keine neue Krankheitsangst aufgetreten, so reichte spätestens jetzt das Auffinden solcher - angeblich noch nie da gewesener (!) - Veränderungen, um erneut das Schlimmste zu befürchten. Die Selbstbeobachtung hatte ein Symptom zutage gefördert, jetzt brauchte ich nur noch die Selbstdiagnose mit zugehöriger Krankheit und das „Drama“ konnte beginnen.

Die Angst vor schlimmen Krankheiten macht im Übrigen nicht vor meiner eigenen Person halt. Bemerke ich beispielsweise, dass mein jüngster Sohn Husten hat, muss ich sofort an die Abgase denken, die tagtäglich in unsere tiefergelegene Wohnung einströmen. Der Junge wird doch nicht an der Lunge erkrankt sein, womöglich Lungenkrebs haben, liegt doch sein Zimmer der Straße am nächsten. Stundenlang geöffnete Fenster in Kinder- oder Schlafzimmer sind mir von jeher ein Dorn im Auge.
Berichtet mir meine Frau beim Frühstück von ihren Kopf- oder Magenschmerzen, schließe ich von Beginn an, auch wenn ich diesen Gedanken ihr gegenüber nicht ausspreche, ein Karzinom als Ursache nicht aus. Selbstredend setze ich alles in Bewegung, damit sie in solchen Fällen umgehend einen Arzttermin vereinbart.

***

Ich greife mir den Ordner mit den Lebensversicherungspolicen. In den vergangenen drei Jahren wurde ich regelmäßig davon in Kenntnis gesetzt, dass die zu erwartenden Ablaufleistungen zum großen Bedauern der Versicherungsgesellschaft erneut sinken werden. Man könne sich dem allgemeinen Trend sinkender Renditen nicht entziehen. Keine rosigen Aussichten.
Ich addiere die Todesfallsummen einschließlich garantierter, bis jetzt angefallener Überschussbeteiligungen meiner Lebensversicherungsverträge und komme zu dem Ergebnis, dass es nach Abzug aller noch bestehenden Verpflichtungen reichen müsste. Die fälligen Versicherungssummen sollten meiner Frau und meinen Kindern überschlägig gerechnet ein normales Einkommen zum Leben ermöglichen. Eine vorhandene Risiko-Lebensversicherung würde die bestehenden Schulden abdecken, mit der die Wohnung belastet ist. Freies Wohnen wäre gewährleistet.
Die gesetzliche Witwenrente allein würde nicht zum Leben und nicht zum Sterben genügen. Zum Glück aber bestehen diese anderen Absicherungen. Die Familie ist halbwegs versorgt. Das Ergebnis meiner Berechnungen beruhigt mich ein wenig.
So verzweifelt war ich ansonsten noch nie. Ich bin kurz davor, innerlich mit dem Leben abzuschließen. Es kreist nur noch ein Gedanke im Kopf herum, während ich versuche, mich wieder auf meine Arbeit zu konzentrieren: Ich habe Bauchspeicheldrüsenkrebs. Ich bin felsenfest davon überzeugt.

Die neuerlichen Beschwerden fingen kurz nach Weihnachten an. Ein bisher nicht gekannter Druck auf der linken Rückenseite, der auch in den Oberbauch ausstrahlte. „Vermutlich zu viel und zu fettig an den Feiertagen gegessen. Auch Kuchen,

Gebäck, Christstollen, Marzipan und andere Süßigkeiten, denen ich nicht widerstehen kann, haben bestimmt ihren Beitrag geleistet", versuchte ich mich zu beruhigen.

Die Nieren! Links und rechts liegen sie, von links kam der Dauerschmerz. Wieso war ich nicht schon längst darauf gekommen. Die Nieren waren sowieso noch nie untersucht worden. Jeder Neunte soll angeblich nierenkrank sein, meist ohne es zu wissen. Um meinen Internisten nicht auch noch mit dieser Krankheitsangst zu konfrontieren, ging ich sofort zum Urologen. Am Ende seiner Untersuchungen konnte er meine Bedenken zerstreuen. Die Nieren erfüllen ihre Aufgaben, sie seien nicht die Ursache. Blieben die Organe im Bauch übrig: Magen, Darm, Bauchspeicheldrüse, Leber und Galle.

Die Summe aller Beschwerden (Probleme mit der Verdauung, Druck im Oberbauch) sprach nach meiner Einschätzung nunmehr eindeutig für eine schwere Entzündung der Bauchspeicheldrüse, wenn nicht sogar für Krebs.
Erkrankungen der Pankreas scheinen gar nicht so selten vorzukommen, wie man manchmal liest. Mein ehemaliger Chef soll, wie ich vor einigen Tagen gehört habe, an einem Pankreaskarzinom leiden und ein neues Heilverfahren aus den USA würde an ihm ausprobiert. War mir die Nachricht von seiner Krankheit zugetragen worden bevor oder nachdem ich mich auf dieses Organ konzentriert hatte? Ich vermochte es nicht mehr nachzuvollziehen. Zumindest hatte es meine Gedankengänge nicht gerade positiv beeinflusst und die Vorstellung, es könne sich dieses Mal tatsächlich eine todbringende Krankheit herausstellen, hatte sich manifestiert.
Bauchspeicheldrüsenkrebs gehört zu den Krebsarten, die am gefährlichsten sind und bei denen die Überlebenschance am geringsten ist.

Selbstredend hatte ich im Anschluss an die Termine beim Urologen meinen Internisten aufgesucht. Er stellte diverse Untersuchungen an. Deren Auswertung braucht Zeit.
Während ich ungeduldig hierauf wartete, hatte ich im Internet recherchiert und war auf die Webseite einer Gruppe von Ärzten gestoßen, die telefonisch Auskunft erteilt. Ideal, und dazu noch anonym. Zwar nannte ich meinen Namen, dennoch erlaubte die räumliche Distanz Fragen zu stellen, zu denen ich im persönlichen Vier-Augen-Gespräch womöglich nicht den Mut gehabt hätte. Die erste Beratung sei kostenlos, weitere Auskünfte kostenpflichtig. Der Telefonkontakt mit dem Arzt ersetzte keine körperliche Untersuchung, aber er klärte Hirngespinste, die sich ausgebreitet hatten. Die Beruhigung hielt aber nicht lange an. Schon am nächsten Tag schrieb ich eine Klinik an, die sich auf Diagnostik spezialisiert hat. Ich wollte von Kopf bis Fuß untersucht werden, auch wenn ich es aus eigener Tasche bezahlen müsste.
Die Klinik antwortete prompt und forderte den Arztbericht mit Angabe der Notwendigkeit der Aufnahme. Dies konnte ich von meinem Arzt, dem Internisten, nicht verlangen. Ich wäre vor Scham im Erdboden versunken, wäre ich mit diesem Anliegen zu ihm gegangen. Das Verhältnis Arzt-Patient wäre vermutlich für immer gestört gewesen.
Ich erinnerte mich an den Urologen. Er bedauerte mein Anliegen und begründete seine Ablehnung damit, als Urologe habe er keine Handhabe, die eine Überweisung rechtfertige.

„Angst fressen Seele auf" heißt ein bekannter Film von Rainer Werner Fassbinder. Krankheitsängste haben meine Seele zumindest angebissen. Heute Abend, während ich die vergangenen Wochen Revue passieren lasse, habe ich das Gefühl, am Abgrund zu stehen.

Ich stelle die Ordner mit den Lebensversicherungspolicen in den Aktenschrank zurück. Niedergeschlagen, krankfühlend und mit wirren Gedanken im Kopf fahre ich nach Hause. Morgen sollen die Laborwerte beim Internisten vorliegen. Für mich steht das Ergebnis bereits fest.

***

„Was ist denn mit deinem Mann los? So still kennen wir ihn gar nicht, er lacht doch ansonsten und macht seine Späße. Oder habt ihr Streit?“

Meine Frau bricht in Tränen aus und scheint damit die nicht ganz ernst gemeinte Ansicht ihrer Schwägerin über einen Ehekrach zu bestätigen. Es ist nicht das erste Mal, dass ich durch mein Verhalten Anlass zu Spekulationen gebe. Wenn das Denken nur noch geprägt und bestimmt wird von der Vorstellung, eine unheilbare Krankheit in sich zu tragen, dann schlägt sich dies unwillkürlich auf die Psyche nieder. Es bleibt nicht aus, dass die Depression, von der man beherrscht wird, sich in mangelnder Kommunikationsbereitschaft, Gereiztheit, Einsilbigkeit, gedanklicher Abwesenheit, Zerstreutheit oder übler Laune ausdrückt. Das morgendliche Aufstehen fällt noch schwerer als sonst, auch wenn die hohe Stimme täglich aus dem Radio flötet: „Positiv sollten Sie Ihren Tag beginnen.“

Manchmal flüchte ich mich in die Arbeit, an anderen Tagen geht sie nicht an mich. Nichts macht Spaß, nichts geht von der Hand. Gespräche und Geselligkeiten werden vermieden. Man scheut die Zweisamkeit, vergräbt sich hinter einer Lektüre, ohne sich auch nur im Entferntesten auf deren Inhalt zu konzentrieren. Oder man starrt auf das abendliche Fernsehgeflimmer, während die Gedanken um andere Dinge kreisen. Ich kann mir vorstellen, dass Krankheitsängste im Laufe der Zeit den Betroffenen vereinsamen lassen.

„Was ist denn jetzt schon wieder? Ist etwas im Büro nicht in Ordnung?“ So beginnen in der Regel die Fragen meiner Frau. „Oder bildest du dir schon wieder etwas ein?“

Wer gibt in diesem Augenblick schon unumwunden alles zu? Ich vermeide den Blickkontakt (angeblich schaue ich in diesen Situationen wie ein scheues Reh), streite ab, suche zunächst

nach Ausflüchten, bis im schlimmsten Fall die Situation eskaliert. Nicht sehr erfreulich für die Liebsten in der unmittelbaren Umgebung. Besonders unangenehm, wenn Festtage, gemeinsame Freizeit oder Urlaub anstehen. Wie schnell kann man sich und anderen diese Stunden verderben.
Letztlich kann ich von Glück sprechen, dass meine Frau, wenn nicht gerade geduldig, so doch zumindest einsichtig ist und mich auffordert, meine jeweils neu auftretenden Beschwerden durch einen Arztbesuch klären zu lassen. Sie teilt nicht immer meine Befürchtungen, gleichwohl nimmt sie sie ernst, tut mich nicht von vornherein als Hypochonder ab. Wie sehr muss ich ihr Gefühlsleben aus dem Gleichgewicht gebracht haben, als sie sich eines Tages veranlasst sah, in Tränen aufgelöst, meinen Internisten anzurufen, um ihm von meinen schlimmsten Befürchtungen zu berichten und ihn um seine ärztliche Hilfe bat.

Indem die Gedanken einzig und allein um die eigene Krankheitsangst kreisen, verbleibt kaum Raum für anderes. Weder fällt es mir auf, wenn meine Frau in der Wohnung Möbel umgestellt hat, noch wenn sie beim Friseur war oder ein neues Kleidungsstück trägt. Ärger ist damit vorprogrammiert. Die Frage „Ist das neu?“, vermeide ich mittlerweile. „Muss ich das kennen?“ beinhaltet etwas weniger Zündstoff. Dann besteht zumindest die Chance, dass sie mir zwar schon vom Kauf berichtet, die Bluse oder Hose in diesem Augenblick tatsächlich aber zum ersten Mal angezogen hat.

Die Gefahr, dass die Konzentration beim Autofahren oder im beruflichen Alltag durch Krankheitsängste beeinträchtigt wird, ist ebenfalls nicht zu unterschätzen. Die Gedanken auf die Arbeit werden abgelenkt, Fehler können sich einschleichen. Ich ertappe mich dabei, dass mein Gegenüber redet und ich registriere es nicht. Meine Frau behauptet ohnehin, ich höre ihr nicht zu. Das stimmt nicht immer.

Im Französischunterricht mussten wir „Tartuffe“ über uns ergehen lassen. Im Nachhinein betrachtet kann ich nur froh sein, dass es nicht Molières Komödie „Der eingebildete Kranke“ war. Unter Umständen wären damals schon die Wurzeln für meine Krankheitsängste gelegt worden und hätten mich bereits Jahre zuvor gequält.
In Phasen, in denen es mir gut geht, bilde ich mir ein, meilenweit entfernt zu sein von jemandem wie Argan, der Hauptfigur in Molières Theaterstück. Argans eingebildete Krankheiten hatten ihn bekanntlich für seine Umgebung blind gemacht.

Seine Frau Béline, die angeblich so aufopferungsvolle Gattin, hatte es nur auf sein Vermögen abgesehen, ihm aber fiel es nicht auf. Ebenso wenig bemerkte er die Liebe seiner Tochter zu ihrem Auserwählten und wollte sie stattdessen mit einem Arztsohn verkuppeln, aus egoistischen Gründen selbstredend.
In Phasen, in denen es mir gar nicht gut geht, tyrannisiere ich nicht - wie Argan - die Familie, ebenso wenig nutzt sie in diesen Situationen meine Schwäche aus. In Punkto „blind für die Umgebung“ aber fehlt nicht viel und ich bin mit Argan auf einer Linie.
Wer Angst hat, hat sonst nichts.

***

„Bitte schön?“, mit diesen Worten beginnt in der Regel „mein“ Internist das Gespräch mit mir. Andere Ärzte fragen: „Was sind Ihre Beschwerden?“ oder „Weswegen kommen Sie zu mir?“ Ich falle nicht sofort mit der Tür ins Haus. Ich schildere wahrheitsgemäß meine Symptome und lenke nach kurzer Zeit das Gespräch in die von mir gewünschte Richtung. Die Krankheit, die ich abgeklärt wissen will, nenne ich mit Namen. „Ich habe das Gefühl, es könnte...“, „Ich befürchte, dass... .“
Ich sehe mittlerweile auch keinen Sinn mehr darin, um den heißen Brei herum zu reden. Ansonsten verlasse ich die Praxis und bin so klug wie zuvor. Um auf ein anderes Krankheitsbild hin untersucht zu werden, habe ich nicht stunden- und tagelang gegrübelt und Ängste ausgestanden.
Ich untermauere meine eigene Diagnose, indem ich dem Arzt von Symptomen an mir berichte, die nach meinem Verständnis typisch sind für meine beargwöhnte Krankheit, oder die in den Gesundheitslexika als ein Anzeichen von ihr aufgezählt werden. Dabei spielt es für mich keine Rolle, ob die Missempfindungen kurzfristig, mehrmals oder einmalig aufgetreten sind. Ich berichte neuerdings darüber. Wie oft habe ich mich schon geärgert, wenn ich sie früher nicht erwähnte. Nicht weil ich ihnen keine Bedeutung beimaß, sondern vielmehr, weil ich es nicht übertreiben wollte und sich anschließend diese Symptome, sobald ich die Praxis verlassen hatte, erneut und verstärkt „meldeten“.
Folglich klage ich jetzt über Schmerzen, die in den Arm ausstrahlen (bei Verdacht auf Herzinfarkt), erwähne, dass ich innerhalb kürzester Zeit zwei Kilo Gewicht verloren habe (bei Verdacht auf Bauchspeicheldrüsenkrebs) oder dass ich schnell außer Atem gerate (bei Verdacht auf Lungenkrebs). Die Ärzte sollen nicht auf eine falsche Fährte, sondern sofort mit ihren

Vermutungen in die vermeintlich „richtige“ Richtung gelenkt werden und die adäquaten Untersuchungen einleiten.
Meine Vorgehensweise scheint Erfolg zu haben. Der Internist erklärte gelegentlich, dass er in diesen Fällen mit Maßnahmen beginnt, die zunächst einmal den schlimmsten Verdacht ausräumen oder bestätigen.
Wie soll sich ein Arzt auch ansonsten verhalten, will er nicht regresspflichtig werden, wenn er vom Patienten mit unklaren Beschwerden und solchen Verdachtsmomenten konfrontiert wird?

***

Der Begriff „Hypochonder", so lese ich nach, kommt aus dem Griechischen und setzt sich aus den Wörtern „hypo" für „unter" und „chondros" für „Brustknorpel" zusammen. Hypochondrie bedeutet demnach „das unter dem Brustknorpel Befindliche." Nach Auffassung der alten Griechen waren die Organe des Unterleibs Sitz und Auslöser von Gemütserkrankungen.

Erst Ende des 17., Anfang des 18. Jahrhunderts machten Mediziner Vorgänge im Gehirn als eigentliche Krankheitsursache aus. Heute geht die Wissenschaft davon aus, dass bei Angst im allgemeinen der sog. Thalamus im Gehirn den sog. Mandelkern, das Angstzentrum des Menschen, anregt. Dieser stößt andere Hirnstrukturen an und der Körper reagiert auf unterschiedlichste Weise (schnellere Atmung, Gänsehaut, Erröten, Schweißausbruch, Muskelverspannung, Herzrasen, Schluckbeschwerden und dergleichen mehr). Gehirnzellen in den Stirnlappen der Großhirnrinde beurteilen schließlich die Gefahr. Die Angst wird bewusst.

Dies klingt kompliziert und furchteinflößend. Dennoch hat Angst auch ihre positiven Seiten. Wer Angst hat, gleich welcher Art, neigt zu erhöhter Aufmerksamkeit und begegnet gefährlichen Situationen mit Vorsicht. Sämtlichen Lebewesen ist dies angeboren. Solch umsichtiges Verhalten war für den Überlebenskampf auf dieser Erde von jeher wichtig. Entweder lässt sie Menschen und Tiere fliehen oder aber den Kampf suchen. Angst ist also sinnvoll und kann unter Umständen das eigene Leben retten.

Schädlich ist allein die übertriebene Angst. Die Dosis macht´s. Wie meist im Leben.

Angst hat viele Facetten. Die Psychologie teilt sie ein in Panikstörungen, generalisierte Angststörungen sowie in soziale und spezielle Phobien, wobei die Grenzen verwischt sein können, wenn mehrere Arten von Ängsten gleichzeitig auftreten. Angst vor Verlust des Arbeitsplatzes, Angst, in wirtschaftliche Not zu geraten oder im Alter als Pflegefall zu enden, Angst vor Spinnen, Angst in geschlossenen Räumen, Höhenangst oder eben Krankheitsängste zählen zu den bekanntesten Formen.

Angst ist eine weitverbreitete Krankheit. Die Zahlen über das Ausmaß sind erschreckend. Da ist in Zeitungsberichten davon die Rede, dass jeder achte Erwachsene in Europa im Laufe eines Jahres unter einer Angststörung leide; jeder vierte Mensch sei im Laufe seines Lebens betroffen und Frauen doppelt so häufig wie Männer.

Die Krankenkassen, die die Behandlung dieser Krankheiten vorfinanzieren müssen, verzeichnen seit Jahren einen gewaltigen Anstieg der psychischen Erkrankungen und deren Kosten.

Die Hypochondrie, als Teilaspekt von Angsterkrankungen, ist von dieser Entwicklung nicht ausgenommen. Einer von hundert Deutschen soll im Laufe seines Lebens starke Krankheitsängste entwickeln.

Prominente geben öffentlich zu, unter dieser Phobie zu leiden. Auch Charlie Chaplin, Thomas Mann, Winston Churchill, Sigmund Freud oder Franz Kafka zählten dazu.

Ich befinde mich offenbar in guter Gesellschaft.

***

Mittlerweile habe ich die beiden Neurologen in F und H ein weiteres Mal und abwechselnd aufgesucht, da mich die Vorstellung, an ALS erkrankt zu sein, erneut und stärker denn je zuvor vereinnahmt hatte. Die Zuckungen breiteten sich über alle Gliedmaßen aus; gleichzeitig hatte ich das Gefühl, nicht mehr sprechen zu können - ich verhaspelte mich tatsächlich mehrfach - und entdeckte - völlig neu - einen Muskelschwund an Händen und Oberarmen.
Jeder normal denkende Mensch hätte doch in dieser Situation, zumal bei der Vorgeschichte, an ALS gedacht. Oder etwa nicht? Ich konnte mir nicht vorstellen, dass etwas anderes ursächlich war. Es stand für mich zweifelsfrei fest.
Zum Glück hatte der Neurologe in F mir bei früherer Gelegenheit eine Kontrolluntersuchung angeboten, die ich nunmehr ohne Gewissensbisse wahrnehmen konnte. Fast schon nicht mehr erwähnenswert, dass der Befund negativ war. Es wäre hochgradig peinlich gewesen, den Nervenarzt in F ein halbes Jahr später wiederum aufsuchen zu müssen, als sich die Symptome und Einbildungen wiederholten. Der Neurologe in H sollte meine Rettung sein und war es auch. Betrieb ich schon „Doktor-Hopping?“ Ich war zumindest kurz davor.

Die Angst einige Monate zuvor, an Bauchspeicheldrüsenkrebs erkrankt zu sein, hatte sich im Übrigen als unbegründet erwiesen. Organische Ursachen ließen sich nicht finden. Die Missempfindungen, teilweise auch Schmerzen, hatten sich im Anschluss an die vielfältigen Untersuchungen und Ergebnisse in Luft aufgelöst.

Ein leichtes Schwindelgefühl mit Kopfschmerzen - folglich sitze ich eines Tages auf dem Stuhl des Hals-, Nasen-, Ohren-

arztes. „Ihr Gehirn bekommt statt Superbenzin nur Normalbenzin“, meint er scherzhaft. Irgendwelche Tabletten soll ich einnehmen. „Nichts Ernsthaftes?“, frage ich stirnrunzelnd. „Um dies abzuklären, müsste eine Computertomografie gemacht werden.“ Ich nicke, er stellt eine Überweisung aus. Wie sollte sich der von mir befürchtete Hirntumor ansonsten bemerkbar machen, wenn nicht mit Schwindelgefühl und Kopfschmerzen? Und wie soll er diagnostiziert werden, wenn nicht durch eine radiologische Untersuchung?
Die Röntgenfachärzte scheinen eine bessere Auslastung zu haben als jedes deutsche Großunternehmen. Alle Versuche, die Praxishilfe umzustimmen und einen früheren Untersuchungstermin zu bekommen, scheitern. Ich komme dran, als ich an der Reihe bin und nicht eher. Ist ja wohl auch richtig, für einen Hypochonder aber zermürbend.
Platzangst ist mir zum Glück fremd, wie kann man nur! Ich komme daher auch unbeschadet aus der Röhre heraus, in die man mich hineingeschoben hat. Es soll nicht das letzte Mal sein. Wegen des Verdachts auf Erkrankungen innerer Organe und im Halsbereich werde ich sie erneut kennen lernen.
Wahrscheinlich hatte ich am Abend, bevor mir schwindelig wurde, beim Einschlafen auf dem Sofa falsch gelegen und dabei ein wenig einen Nerv eingeklemmt. Ich sollte am besten niemandem, schon gar nicht einem Arzt, von meiner Vermutung berichten. Der Verdacht kommt der Wahrheit wohl ziemlich nahe.
Die Computertomografie jedenfalls bestätigte meine Krankheitsüberzeugung nicht.

***

Arztkonsultationen, körperliche Untersuchungen, Labormessungen, weitere Gespräche mit dem Arzt über das Ergebnis, Krankenhausaufenthalte, Literaturstudium und Internetrecherche - dies kostet mich ohne Übertreibung mindestens ein bis zwei Tage im Monat. Ganz zu schweigen von den Stunden, in denen ich grübelnd Gedanken nachhänge.
Auf die vergangenen zehn Jahre umgerechnet habe ich bestimmt ein halbes Jahr Arbeitszeit mit nichts anderem verbracht, als mich mit dem Phantom Krankheitsangst auseinander zu setzen. Wer ernsthaft erkrankt ist, hat keine andere Wahl, chronisch Kranke opfern noch mehr Zeit. Aber dieses kostbare Gut Zeit mit der Vertreibung von Krankheitsangst zu verbringen, ist so überflüssig wie ein Kropf.
Statt Kreuzworträtsel zu lösen und Trivialliteratur zu lesen, die in den Wartezimmern der Ärzte ausliegt, vertiefe ich mich in meine mitgenommene Fachliteratur und versuche damit wenigstens einen Teil der „verlorenen“ Zeit sinnvoll zu kompensieren. Gleichwohl verbleiben genügend unproduktive Tage. Unproduktiv im Sinne von eingebüßter Lebensqualität ebenso wie im kaufmännischen Sinne. Einige hundert Euro gehen zunächst einmal verloren, wenn ich die Zeit bei den Ärzten verbringe, statt am Schreibtisch. Da die Arbeit gleichwohl erledigt werden muss, versuche ich, sie abends und am Wochenende nachzuholen. Manches bleibt unerledigt und wird aufgeschoben. Letztlich geht alles zu Lasten von Freizeit und Erholung. Fehlende Entspannung begünstigt Stress; der Teufelskreis geht unbeirrt seinen Weg.

***

Adventszeit. Während die Familie mit Vorbereitungen für die anstehenden Festtage beschäftigt ist, es allerorts duftet und glitzert, hänge ich mal wieder trüben Gedanken nach. Mein Herz ist dermaßen aus dem Takt geraten, dass ich panische Angst habe. Auslöser könnten Probleme beruflicher Art sein. Stundenlanges Literaturstudium brachte mich ebenso wenig weiter wie Gespräche mit einem Berufskollegen. Ich muss es wieder mit mir selbst austragen.
Ich verstärke die Dosis an Betablockern. Ist mit meiner Pumpe wirklich alles in Ordnung? Ich vertraue meinem Internisten und dennoch: Er ist kein Kardiologe. EKG, Langzeit-EKG, Belastungs-EKG, Ultraschall am Herzen, alles schön und gut. Aber wirklich in mein Herz hineingeschaut hat noch niemand. Außer meine Frau. Es wäre nicht verkehrt, wenn ich auf eigene Faust dies intensiver untersuchen ließe. Ich mache im Internet, wo auch sonst, die Adresse eines entfernt liegenden Krankenhauses ausfindig. Der Kurort und die auf Herzkrankheiten spezialisierte Klinik sollen über die Grenzen hinweg bekannt sein, bestätigen auch Bekannte. Überraschenderweise ist kurzfristig noch ein Bett frei. Wer legt sich vor Weihnachten auch freiwillig ins Krankenbett? Ich packe meine sieben Sachen und suche den Ort auf. Die Wegbeschreibung ist ungenau, ich muss Passanten fragen und falle aus allen Wolken. Ich habe mich nicht bei den vermeintlichen und renommierten Kardiologen angemeldet, sondern bei einer Privatklinik, die, schon von weitem sichtbar, mit allerlei farbigem Häuserschmuck auf sich aufmerksam macht. Ich könnte mich ohrfeigen und würde am liebsten umkehren. Meine Frau beruhigt mich per Handy und meint, nun sei ich schon mal dort und solle zunächst abwarten, was auf mich zukommt. Meine Stimmung ist gleichwohl auf

dem Tiefpunkt und meine Skepsis soll sich in der Folge bestätigen.
Neben den üblichen Untersuchungsmethoden wie Langzeit-EKG und Ultraschall erwarten mich als Besonderheit und Höhepunkte der dreitägigen Veranstaltung Aderlässe. Ich kenne dies bisher nur aus historischen Romanen. Mir werden tatsächlich in diesen Tagen drei Mal ein halber bis ein ganzer Liter Blut abgezapft. Eine dargereichte Kraftbrühe soll mich vor dem Umfallen bewahren. Sinn und Zweck sei es, einen vorhandenen Innendruck in den Blutbahnen und im Herz zu vermindern. Alle anderen Patienten scheinen diesen erhöhten Innendruck auch zu besitzen, auch sie verlieren von ihrem kostbaren Saft. Zusätzlich wird bei mir noch ein zu hoher Blutdruck festgestellt und diagnostiziert, dass die Herzklappe nicht vollkommen schließt. Das mit der Herzklappe war mir schon zuvor bekannt, und dass der Blutdruck nicht noch höher ist, bei meiner Gereiztheit und meinem Unverständnis darüber, was da gerade abgeht, wundert mich. Apropos Blutdruck: Nachdem der systolische Wert am zweiten Tag um einen Punkt sinkt, führt der leitende Arzt dies auf das Medikament zurück, das mir tags zuvor verabreicht wurde und bei meiner Entlassung verordnet wird. Es handelt sich um ein Weißdornpräparat, ein homöopathisches Mittel. Ich muss etwas Besonderes sein, wenn Homöopathie so schnell und so „umfangreich" bei mir wirkt.
Ich bin froh, als ich die Klinik verlassen kann; um einige Erfahrungen reicher und um einige Euro ärmer. Das Beste an ihr ist die Küche, sie ist nicht zu verachten. Ich werde trotzdem nicht zur jährlichen Kontrolle kommen, wie man mir beim Abschied empfiehlt.

Meine Beschwerden lassen nicht nach. Im Frühjahr überweist mich mein Internist in das Städtische Krankenhaus, um eine Herzkatheteruntersuchung durchführen zu lassen. Der Professor, der sie vornimmt, lacht laut auf, nachdem er den von mir mitgebrachten Befund und die eingeleiteten Maßnahmen des Arztes in der Privatklinik gelesen hat. „Wir haben gemeinsam studiert, er war damals schon sonderbar.“ Die Welt ist klein.

***

„Die lähmende Angst vor Krankheit. Ursachen von Hypochondrie reichen bis in die Kindheit zurück.“

Meinen die etwa mich? Zwar kann ich mich nicht erinnern, in meiner Jugendzeit von außergewöhnlichen Krankheiten betroffen gewesen zu sein - Keuchhusten, Gelbsucht und das Übliche eben -, auch gibt es über keinerlei negative Erlebnisse aus meinen Kindheitstagen zu berichten, gleichwohl fühle ich mich von dieser Schlagzeile in meiner Heimatzeitung zumindest angesprochen. Von einer 70 bis 80-prozentigen Erfolgsquote eines Therapieprogrammes ist die Rede. Klingt vielversprechend. Mein Bruder und meine Frau hatten mir schon vor einiger Zeit empfohlen, psychologische Hilfe in Anspruch zu nehmen.

Ich nehme mit dem Institut Kontakt auf, das in irgendeiner Form einer Universität angegliedert oder dort integriert ist. Ich werde zu einem einstündigen Vorgespräch eingeladen, in dessen Verlauf ich einer Psychologin und einem Psychologen mein Problem schildere. Ich erfahre andererseits, dass ein Forschungsprojekt läuft, im Rahmen dessen die angebotenen Therapiestunden abgehalten werden. Mehrere Gruppen von Patienten hätten bereits teilgenommen. Offensichtlich sind Art und Ausmaß meiner geschilderten Krankheitsängste typisch und Grund genug, mir eine Teilnahme anzubieten. Mein Arzt befürwortet sie in seiner Stellungnahme und auch die Krankenkasse willigt ein.

Die Therapie beginnt mit einer Gruppensitzung. Vier Frauen, drei Männer sowie die Leiterin, ein Therapeut und eine

Therapeutin nehmen teil. Zum gegenseitigen Kennenlernen und um Hemmungen innerhalb der Gruppe abzubauen, soll sich jeder zu Beginn unter Vermeidung des förmlichen „Sie“ vorstellen und seinem Gegenüber die Art seiner Krankheitsängste und deren Verlauf grob schildern. Erste Eindrücke entstehen.
Ein Medizinstudent und ein Hochschullehrer sitzen zu meiner Linken; die Berufe der Frauen sind im kaufmännischen und erzieherischen Bereich angesiedelt.
Ich stelle an diesem ersten Abend viele Gemeinsamkeiten, aber auch Unterschiede zu meinen Mitstreiterinnen und Mitstreitern fest. Allen ist gemeinsam, dass sie seit vielen Jahren von der Vorstellung befallen sind, ernsthafte Krankheiten zu haben, ohne dass diese bestätigt wurden. Bei den Frauen dominiert die Angst vor Brustkrebs.
Wir sind nur eine kleine Gruppe und dennoch reicht das Spektrum von wöchentlichen Arztbesuchen bis hin zu der Weigerung, ärztlichen Rat einzuholen.
Meine Nachbarin zur Rechten scheint Spezialistin auf dem Gebiet medizinischer Begriffe zu sein. Was sie nicht alles an Fachausdrücken in die Runde wirft! Der Beginn ihres Leidensweges liegt wohl auch schon mehrere Jahre zurück.
Ich sehe mich in dieser Gruppe irgendwo im mittleren Bereich. Einerseits ordne ich meine Ängste gravierender ein als die des einen oder anderen. Andererseits stelle ich fest, dass ich bisher mehr oder weniger längere Erholungsphasen zwischen dem Ende einer Krankheitsangst und dem Beginn einer neuen hatte, während einige aus der Gruppe in einer Art Dauerangst zu leben scheinen. Soweit bin ich glücklicherweise noch nicht.

Die Gruppentherapien werden von wöchentlichen Einzelsitzungen begleitet. Ich werde dem Therapeuten zugeordnet.
Er macht auf mich einen sympathischen Eindruck. Er ist wenig älter als mein Sohn. Ich bin überrascht, wie viel ich während

einer Sitzungsstunde rede und von mir preisgebe, und das vor mitlaufender Kamera.
Es scheint, als hätte sich in den letzten zehn Jahren viel zu viel aufgestaut, das jetzt heraus muss. Vielleicht ist es aber auch die Erkenntnis, dass derjenige, der mir gegenüber sitzt und eine ganze Stunde lang zuhört, weiß, wovon ich rede. Da spielt der Altersunterschied keine so große Rolle.
Die Einzelsitzungen, acht an der Zahl, sollen die Gruppensitzungen ergänzen, ihren Inhalt kurz wiederholen und auf die individuellen Bedürfnisse eines jeden eingehen. Etwas irritiert bin ich über den Hinweis des Therapeuten, Psychopharmaka könnten, auch in meiner Situation, die Stimmung aufhellen. Von solchen Hilfsmitteln möchte ich eigentlich nichts wissen. Bestärkt werde ich in meiner Haltung durch die Aussage meiner Nachbarin in den Gruppensitzungen, die nur noch mit Hilfe solcher Medikamente ihren Tagesablauf bewältigen kann und durch das Therapieprogramm davon abkommen möchte.

Zu Beginn und am Ende einer Therapiestunde oder zu Hause sind Bögen mit einer Vielzahl von Fragen auszufüllen. Der Nutzen für die Wissenschaft und für mich bleiben mir verborgen. Auch die jeweiligen Aufzeichnungen, mit welchem Grad (von 0 bis 10) ich die akute Krankheitsangst einschätze, halte ich eher für sekundär. Wie soll ich beurteilen, ob ich zu 30, 40 oder 50%, weniger oder mehr, am Sitzungsabend davon überzeugt bin, eine schwere Krankheit zu haben? Sei´s drum, ich mache mit und zwar regelmäßig. Ich fahre pro Sitzung 150 Kilometer hin und zurück. Der Zeitaufwand beträgt jedes Mal über drei Stunden; viel Zeit für einen Selbständigen. Aber selbst kaufmännisch betrachtet stehen der Zeitaufwand und die Spritkosten in keiner Relation zu dem ersehnten Gewinn, wenn die Therapie erfolgreich ist. Dann verbringe ich, so stelle ich mir vor, weniger Zeit mit quälenden, zeitraubenden Gedanken, Internetrecherchen oder Arztbesuchen. Auch hoffe ich, dass

dann, wenn der „Kopf frei“ ist, die Arbeit schneller von der Hand geht.
Ich besuche jede Sitzung und beteilige mich, so wird mir bescheinigt, aktiv daran. Was für eine Chance habe ich auch ansonsten, um aus meinem Dilemma herauszukommen?

Die Ursachen der vielfältigen Formen von Krebs sind nach meinem Kenntnisstand nicht oder nicht hinreichend bekannt. Ansonsten wären wohl nicht jährlich allein in Deutschland hunderttausende von Toten zu beklagen. Genetische Faktoren, Umwelteinflüsse, Arbeitsplatzdispositionen oder die Ernährung sollen eine große Rolle spielen. Wenn es stimmt, dass auch Stress und psychische Probleme die Entstehung von Karzinomen begünstigen, dann muss ich erst recht alle Anstrengungen unternehmen. Gar nicht auszudenken, wenn ich tatsächlich krebskrank würde, nicht wegen meiner Gene, der schädlichen Umwelt oder falscher Ernährung, sondern ausgelöst oder begünstigt durch Krankheitsangst, als Folge von Stress und psychischen Problemen. Ähnliches gilt für ALS. Die Katze würde sich in den Schwanz beißen.

Ich möchte, wie jeder Mensch, von schlimmen Krankheiten verschont bleiben und sehne doch den Tag herbei, an dem ich ernsthafte von eingebildeten Krankheiten unterscheiden kann.

***

Es ist mir schon mehr als einmal aufgefallen: Die Körperstelle, die Missempfindungen, Zuckungen, Beschwerden, vielleicht sogar Schmerzen auslöst, genießt meine besondere Aufmerksamkeit. Ich beobachte sie, taste sie ab oder lenke zumindest meine Gedanken darauf. Immer und immer wieder. Als wenn es dadurch besser würde. Stets geschieht das Gegenteil. Muskelzuckungen treten in immer kürzeren Abständen auf, Bauchschmerzen verstärken sich, der Rhythmus der Herzschläge wird nach und nach unregelmäßiger.
Die Kursleiterin bestätigt meine Beobachtungen. Je mehr Aufmerksamkeit auf etwas gelenkt werde, um so stärker werde dies wahrgenommen. Die körperlichen Missempfindungen würden um so stärker bemerkt, je häufiger und intensiver wir uns hierauf konzentrierten. Wir lernen in der Gruppensitzung, dass es im Gegenzug möglich sein soll, sich durch Konzentration auf andere Dinge ablenken und frei machen zu können von den negativen Gedanken, die unsere Beschwerden verstärken. Wenn uns dies gelänge, kämen wir mit den körperlichen Missempfindungen besser zurecht. Aufmerksamkeit sei steuerbar. Wir sollten uns den Fakir als Beispiel vorstellen, der seine Aufmerksamkeit vom eigenen Körper fernhalten könne und dadurch keine Schmerzen mehr empfinde. Meine Hoffnung wächst.

Als Hausaufgabe wird uns aufgetragen, einen bewussten „Wahrnehmungsspaziergang“ zu machen. Wir sollen Farben und ihre Namen erkennen, Geräusche hören, Temperaturen spüren, Gerüche wahrnehmen.
Was liegt für mich näher, als über den Friedhof vor unserer Haustür zu schlendern. Ich scheine überhaupt eine Affinität zu diesem Friedhof zu haben und verbringe dort relativ viel Zeit.

Ich bleibe immer wieder vor Grabsteinen stehen, vergleiche Geburtsjahr mit Todesjahr und bin entsetzt darüber, wie viele Menschen in jungen Jahren verstorben sind. Entweder stand die Todesnachricht nicht in der Zeitung oder ich habe solche Mitteilungen nicht registriert oder schlichtweg vergessen. Viele bekannte Namen tauchen auf den Grabsteinen auf; von Menschen, deren Schicksale ich kenne. Geschäftsleute, Bekannte, Nachbarn oder einfach nur Leute vom Hörensagen. Auf jeden Fall kehre ich meist nachdenklich von meinen Friedhofsgängen nach Hause zurück.
Heute soll alles anders sein. Man glaubt es kaum, was einem alles auffällt, wenn man konzentriert spazieren geht.
Ich betrachte, wie mir empfohlen, bewusst die Bäume und Sträucher und wundere mich, wie sehr sie von Schlingpflanzen überwuchert sind. Noch nie zuvor war mir dies aufgefallen. Ich bin überrascht über die Vielzahl der Pflanzen, deren Namen ich in den wenigsten Fällen kenne, und erinnere mich daran, dass unser hundertjähriger Friedhof über die Stadtgrenzen hinweg für seinen Pflanzenreichtum bekannt ist. Ist es ein Zeichen unserer hektischen Zeit, wenn die Schönheit der Natur nicht oder nur noch am Rande wahrgenommen wird, oder trifft dies nur für wenige zu, beispielsweise für Menschen, die nur noch von ihren Krankheitsgedanken beherrscht werden?
Es ist Sommer, einige Bäume und Sträucher blühen erst jetzt. Die wohlriechenden Düfte, die ich einatme, kommen aber wohl eher von den Blumen auf den Gräbern. Mit diesen Sinneseindrücken bin ich sonntags noch nie von meinem Friedhofsbesuch zurückgekehrt.

Es stimmt, die Aufmerksamkeit lässt sich mit unseren Sinnen bewusst steuern. Wenn sich Krankheitsängste doch nur so einfach ablenken ließen; ich wäre jeden Tag auf dem Friedhof oder in einem Park.

Die Erfahrungen meiner Leidensgenossen auf ihren Wahrnehmungsspaziergängen, so erfahre ich bei der darauffolgenden Gruppensitzung, sind ähnlich.

***

So unterschiedlich die Menschen sind, so verschieden ist auch ihr Verhältnis zur Krankheit als Gesprächsthema. Die einen lassen keine Gelegenheit aus, ihre Wehwehchen kundzutun, sei es beim Kaffeeklatsch, in Wartezimmern, im Hausflur oder sonst wo. Für die ältere Generation ist Krankheit verständlicherweise ein vorherrschendes Thema. Rheuma, Rückenschmerzen oder Bluthochdruck sind dabei besonders beliebt. Andere fressen alles in sich hinein. Je schlimmer und auch „peinlicher" die Krankheit ist, um so einsilbiger werden auch die Geschwätzigen. Wer spricht schon über Inkontinenz oder Impotenz, es sei denn, er ist nicht selbst betroffen. Auch über eigene Krankheitsangst habe ich noch nie jemanden sprechen hören. Dies sind Tabuthemen, es sei denn, man ist Entertainer im Fernsehen. Vielleicht dient es in diesen Fällen der Popularität und der Quote.
Auf dem Weg ins Büro treffe ich einen Schulkameraden. Nachdem wir zwanzig Minuten miteinander geredet haben, stelle ich ihm gegenüber fest: „Wir sind alt geworden. Wir haben bisher nur über Krankheiten gesprochen." Aber nicht über meine Krankheitsangst. Das geht niemanden etwas an.

Hin und wieder ist aus dem Kreis von Bekannten und Freunden, die Bescheid wissen, die eine oder andere flapsige Bemerkung zu meiner Krankheitsangst zu hören. Ist sie auch nicht ernst gemeint, so tut sie dennoch weh und lässt mich in der Folge nur noch schweigsamer werden.

Anfangs war es mir auch noch gar nicht richtig bewusst geworden, dass ich unter einer eigenständigen Krankheit, der Angst vor Krankheiten, leide. Stets war es bisher eine angeblich organisch begründete Krankheit, die ich bekämpfen wollte, manchmal auch ein Spektrum diffuser Krankheitsbilder. Die Beschäftigung mit diesem Thema in den Therapiestunden öffnet mir langsam die Augen für einen anderen Blickwinkel.

***

Wir lernen während der darauffolgenden Sitzung ein Modell kennen, das in vier Teile gegliedert ist.
Es beginnt mit einer gedachten Situation, die Krankheitsängste auslösen kann. Ein Beispiel: Man hat plötzlich Bauchschmerzen.
Der auslösenden Situation folgt deren gedankliche Bewertung: Man hat vermutlich Magenkrebs. Die Schmerzen werden nicht mehr weggehen und man wird an dieser Erkrankung sterben.
Die Konsequenzen dieser Bewertung betreffen das eigene Verhalten, die Gefühle und den Körper. Als Reaktion auf die Beschwerden und deren Bewertung geht man möglicherweise zum Arzt, studiert Literatur, recherchiert im Internet, versucht möglichst wenig zu essen, beobachtet die betroffene Körperregion und tastet sie ab, schont sich und treibt keinen Sport, verzichtet auf angenehme Dinge, verschiebt Termine und so weiter. Angst, Unsicherheit oder Verzweiflung kommen auf. Die Schmerzen verschwinden nicht, im Gegenteil, sie verstärken sich.
Der vierte Teil des Modells soll schließlich einen Lösungsweg aufzeigen. Zunächst gilt es, die einzelnen Argumente, die für eine Krankheit sprechen, im Einzelnen dahingehend zu untersuchen

- ob sie der Realität entsprechen,
- woraus man dies schließt oder wovon man es ableitet,
- womit man es begründet und ob man es beweisen kann,
- ob man sich vollkommen sicher ist,
- ob die eigene Meinung von anderen geteilt wird, usw.

Indem man sich mit diesen Fragen auseinandersetzt - Bleistift und Papier können an dieser Stelle hilfreich sein - hat man schon einen wichtigen Schritt in Richtung Skepsis gegenüber der eigenen Meinung getan. Es müsste mit dem Teufel zugehen, wenn man nicht bei der Hinterfragung der einzelnen Punkte wenigstens an der einen oder anderen Stelle ins Grübeln käme. Mit Sicherheit hat sich manches Argument verändert und gerät ins Wanken.

Im Mittelpunkt des 4-Phasenmodells steht die Forderung, nach alternativen Bewertungen zu suchen. Es könnte auch andere Ursachen für beispielsweise Bauchschmerzen geben. Es muss nicht gleich Magenkrebs sein. Vielleicht zu viel gegessen, etwas Verdorbenes, ein Getränk war zu kalt, man ist allergisch gegen ein bestimmtes Lebensmittel oder Ärger hat auf den Magen geschlagen. Mit etwas Nachdenken fallen einem viele Dinge ein, die in Frage kommen könnten. Nun gilt es, sie zu bewerten und mit den Gründen zu vergleichen, die für eine Krankheit sprechen. Sind diese neu erkannten, möglichen Ursachen nicht wahrscheinlicher oder zumindest gleichwertig? Lassen sich die Symptome jetzt anders erklären und ist man davon überzeugt?
Nach Ansicht der Kursleiterin wird sich die durch das Modell gewonnene Erkenntnis, körperliche Symptome könnten auch eine andere Ursache haben als eine schlimme Krankheit, nicht schlagartig, nicht von heute auf morgen durchsetzen. Es sei ein Lernprozess; wir Betroffenen gingen quasi in eine Schule. Es würden die Gedanken geschult, mit dem Ziel, den Glauben zu stärken, dass man im Großen und Ganzen gesund sei.
Die Wissenschaft spricht in diesem Zusammenhang von kognitiver Verhaltenstherapie und meint damit, mit Hilfe rationaler Argumente soll uns psychisch Kranken geholfen werden.

***

Vegetative Dystonie wurde mir schon mehr als einmal in meinem Leben bescheinigt. Viele Krankheitsbilder führte man bereits in meiner Jugend hierauf zurück.
Unser vegetatives Nervensystem wird bekanntermaßen vom Sympathikus und vom Parasympathikus gesteuert. Anregenden und anspannenden Impulsen des einen stehen hemmende und entspannende Impulse des andern gegenüber.
Der Sympathikus, so lerne ich in der nächsten Therapiestunde, macht seinem Namen eigentlich gar keine Ehre. Er erhöht den Blutdruck, beschleunigt die Herzfrequenz und die Atmung, vermehrt den Blutzucker, hemmt die Verdauung und vergrößert die Muskelanspannung. Der Parasympathikus bewirkt jeweils das Gegenteil.
Auf das Wechselspiel der beiden und auf ihre Beeinflussung kommt es wohl an, falls einer von ihnen aus dem Ruder gerät. Bei mir gewinnt bisher meist der unsympathische Sympathikus.
Eine Maßnahme, das vegetative Nervensystem zu beeinflussen, lernen wir in der folgenden Gruppensitzung kennen.
Viele Krankheitssymptome gehen mit körperlichen Verspannungen einher. Den Muskelspannungen können körperliche, aber auch psychische Ursachen wie Nervosität, Depression oder eben Angst zugrunde liegen.
Die Kursleiterin empfiehlt die sogenannte Progressive Muskelentspannung nach Jakobson (PME), die seit mehr als siebzig Jahren in ihrer positiven Wirkung bekannt sei. Die PME soll zum einen die Muskelspannung selbst reduzieren, zum andern über die Senkung von Blutdruck, Gleichmäßigkeit der Atmung oder beispielsweise Verkürzung der Atmungshäufigkeit im Laufe der Zeit zu Ausgeglichenheit und Gelassenheit führen.

Wir beginnen damit, dass wir zunächst die Muskeln im Kopfbereich anspannen, um sie anschließend beim Ausatmen in einer länger andauernden Phase zu entspannen.
So geht es über Arme, Oberkörper bis zu den unteren Gliedmaßen weiter. Mir erscheint diese Muskelentspannung wirkungsvoller als autogenes Training, da die körperlichen Empfindungen - Spannung eines Muskels und Loslassen der Anspannung - von mir weitaus schneller und stärker nachempfunden werden können.
Umso erstaunter bin ich über mich selbst, praktiziere ich doch in den anschließenden Wochen und Monaten dieses Entspannungstraining so gut wie nie. Sind mir die zwanzig oder dreißig Minuten pro Tag schon wieder zuviel?
Klar würde die PME, so wie ich mich kenne, im akuten Fall, wenn sich eine Angst wieder gefestigt hat, wenig zu meiner Linderung beitragen. Aber ich sollte sie tatsächlich als vorbeugende Maßnahme betrachten und einsetzen.
Auch derjenige fürchtet sich am wenigsten vor dem Zahnarzt, der regelmäßige Kontrolluntersuchungen wahrnimmt und nicht der Patient, der erst dann auf dem Behandlungsstuhl sitzt, wenn die Schmerzen des Backenzahns nicht mehr auszuhalten sind.
Verkrampft bin ich von Kopf bis Fuß und wer weiß, ob nicht die eine oder andere Angst mit Hilfe einer solchen Methode bereits in der Vergangenheit hätte vermieden oder abgemildert werden können.
Ab kommenden Montag fange ich damit an. Spaß beiseite. Zum einen steht mir keine Arroganz zu, zum anderen handelt es sich hierbei wohl um eine fundierte, wissenschaftliche Methode. Die übrigen Teilnehmer der Gruppensitzung jedenfalls haben nach eigener Aussage die Sache ernst genommen und sind schon fleißig am Üben.

***

Mein Schwager, Anfang sechzig, liegt im Sterben. Über sieben Jahre hat er gegen seine Krebserkrankung gekämpft. Wir waren alle optimistisch gewesen; gilt doch allgemein die These, wonach derjenige diese heimtückische Krankheit besiegt hat, der fünf Jahre nach ihrem Ausbruch noch lebt. Bei ihm sollte es nicht so sein. Mittlerweile ist er hüftabwärts gelähmt. Die Begegnungen mit ihm im Krankenhaus, bei denen wir die Ausweglosigkeit erkennen müssen, sind deprimierend. Die nervlichen Anspannungen aufgrund der langen Autofahrten tun ihr Übriges bei mir. Meine Herzrhythmusstörungen haben in einem Maße zugenommen, wie es seit langer Zeit nicht mehr vorgekommen ist. Ich rede mir ein, dass es mit den Ereignissen um meinen Schwager zu tun hat, also rein psychisch bedingt. Keine organische Ursache. Erst im vergangenen Jahr habe ich doch eine Herzkatheteruntersuchung über mich ergehen lassen, ohne dass Schlimmes zutage getreten wäre. Keine Verengung der Gefäße, kein Grund zur Besorgnis.

Umsonst. Noch keine zehn Schritte von der Wohnung zur Garage, schon bleibt das Herz stehen - so empfinde ich es zumindest - um anschließend umso schneller zu schlagen. Es ist völlig aus dem Takt gekommen und stolpert in bisher nicht gekanntem Ausmaß. Selbst wenn der Auslöser psychischer Art wäre, so könnte doch etwas passiert sein; ein Herzinfarkt eben. Die Anzeichen hierfür sollen angeblich sehr verschieden sein, angefangen von Schmerzen im Brust- und Bauchbereich, über Ausstrahlungen in die Arme bis hin zu gar keinen Symptomen. Vielleicht ein stummer Infarkt.

Ich habe Einzelsitzung und berichte von meinen neuerlichen Ängsten. Der Therapeut wägt das Für und Wider eines Arztbesuches mit mir ab. Selbstverständlich wäre es ihm am liebsten, wenn ich meinen Befürchtungen, falls sie gegenstandslos sind, widerstehen könnte. Aber irgendwie habe ich das Gefühl, ihm ist nicht wohl bei dem Gedanken, es könnte an meiner dramatischen Schilderung doch etwas dran sein. Schließlich geht es ums Herz. Wer will da schon die Verantwortung übernehmen und von einer ärztlichen Untersuchung abraten. Er überlässt die Entscheidung mir.

In der Woche zuvor, während der Gruppensitzung, hatte man mich auserkoren, das Pro und Contra eines Arztbesuches herauszuarbeiten. Teufelchen und Engelchen nannten sie das „Spiel". Die Teufelchen sollten mir zur Rückversicherung in Form des Arztbesuches wegen meiner Herzattacken raten, die Engelchen, die helfen sollten, Krankheitsängste zu besiegen, mussten Argumente dagegen sammeln. Beide Seiten hatten aus ihrer Sicht recht; überzeugen konnten mich weder Engelchen noch Teufelchen.

Auf der Rückfahrt von der Einzelsitzung werden die Beschwerden immer heftiger, die Angst immer größer. Ich werde rückfällig. Ich wollte es vermeiden und bin doch längst noch nicht so weit.
Noch vor zwei Wochen hatte ich schon innerlich triumphiert und mir eingebildet, mit Hilfe der Therapie etwas bewirkt zu haben. Die Krankheit ALS war erneut thematisiert worden. Ich hatte während der Sitzungen darüber berichtet, auf jedem zweiten Fragebogen tauchte das Wort ALS gezwungenermaßen wieder auf. Unwillkürlich zuckten die Muskeln der Beine. Aber ich hatte es anscheinend dahin gebracht, mir klar zu machen, dass lediglich die Thematisierung der Auslöser war, und nichts anderes.

Heute Abend gilt dies alles nicht mehr. Ich steuere das Krankenhaus an und liege, unter Umgehung des angegliederten Bereitschaftsdienstes, noch keine zehn Minuten später auf einer

Pritsche, umgeben von Helfern und einem Arzt. Überheblich, unsinnig oder einfach nur dumm; ich weiß es nicht recht einzuordnen. Ich war irgendwie froh und stolz, dass ich jedem, der es später sehen wollte, schwarz auf weiß zeigen konnte, wie schlecht es mir an diesem Abend ging. Zwar hatten in der Vergangenheit Langzeit-EKGs immer mal wieder Aussetzer, Holperer oder eben Herzrhythmusstörungen angezeigt, aber niemals in der Häufigkeit und Intensität wie es ansonsten ohne Aufzeichnungsgerät war. Letzteres hatte ich mir stets erhofft, um dem Arzt zu zeigen, dass nicht alles bei mir Einbildung war. Typischer Vorführeffekt eben. Immer wenn es darauf ankam, patzte mein Körper.

Aber heute Abend nicht. Das Blutdruckmessgerät zeigt Werte um die zweihundert für den systolischen Wert bzw. einhundert für den diastolischen. Die unrhythmischen Herzschläge werden mittels EKG in ihrer reinsten Form aufgezeichnet.
Der Arzt notiert anschließend in seinem Arztbrief: „Subjektiv empfundene Herzrhythmusstörungen; ansonsten keine auffälligen Befunde." Mehr ist es mal wieder nicht. Bereits am nächsten Morgen sind die Irritationen nicht gänzlich verschwunden, aber doch auf ein respektables Maß zurückgefahren.

Der junge Psychologe, der mich in den Einzelsitzungen betreut, nimmt mein Erlebtes bei einem der nächsten Gespräche zum Anlass, mit mir Treppen zu steigen. Er bezweckt damit, dass ich in seinem Beisein, quasi unter Kontrolle, lerne, Widerstände zu überwinden, die bei körperlichen Belastungen in der Vergangenheit stets bei mir aufgetreten waren. Ich hatte ihm bereits bei früherer Gelegenheit davon berichtet, dass immer dann, wenn ich mich über das übliche Maß hinaus etwas körperlich anstrenge, mein Herz zu stolpern beginnt und ich aus Angst, mir könnte etwas Schlimmes zustoßen - was außer einem Herzinfarkt könnte bei mir schon in Frage kommen - sofort stoppe und mit der „anstrengenden" Tätigkeit aufhöre. Sein „Experiment" gelingt. Nach anfänglichem Herzstolpern lassen die Rhythmusstörungen nach und hören zum Schluss gänzlich auf, und dies, obwohl wir die Stufen im fünfstöckigen Uni-Gebäude immerhin zwei Mal hinauf- und herabsteigen. Der junge Mann ist erfreut, mir mit einem weiteren Mosaiksteinchen auf dem Weg zu einer Heilung geholfen zu haben.

Eine meiner Schwägerinnen steht morgens mit den Themen Krankheit und Gesundheit auf und geht mit ihnen abends ins Bett. Als ehemalige Leiterin einer Frühgeburtenstation kennt sie sich aus. Sie schwört auf die Mediziner in ihrer Umgebung und ist misstrauisch anderen gegenüber. Folglich muss ich mich beim anstehenden Verwandtenbesuch, da meine Herzbeschwerden nicht aufhören, von ihrem Arzt untersuchen lassen. Er bestätigt im Grunde genommen die Diagnosen seiner Kollegen, die mich jahrelang in der Mangel hatten und keine ernsthafte Herzerkrankung feststellen konnten. Und trotzdem fällt ihm eine Arrhythmie der beiden Herzkammern auf. Meine Frau jubelt, ihre Schwester fühlt sich in ihrer Auffassung bestätigt, wonach nur die Ärzte im hohen Norden ihr Handwerk verstehen. Endlich hat jemand eine körperliche Ursache festgestellt. Ich bezweifle nicht den Befund, bleibe aber skeptisch, da ich mir nicht vorstellen kann, dass ich mich wegen einer angeblichen Arrhythmie in Todesängste hineinsteigere, die am nächsten Tag verschwunden sind, sobald durch eine EKG-Untersuchung die Harmlosigkeit der Rhythmusstörungen bestätigt wird.
Vielleicht gehört auch der - sicherlich gute - Arzt meiner Schwägerin zu der Gruppe derjenigen, die dem Patienten etwas Organisches anbietet, auf das er seine Beschwerden zurückführen kann. Ich vermute, er hat mich aufgrund meiner Schil-

derungen und mitgebrachten Befunde durchschaut, beschreibt er mich doch in seinem Arztbericht als introvertierten Mann.

***

Scham- und Schuldgefühle sind, wie schon angeklungen, nicht zu unterschätzende Begleiterscheinungen bei meiner Krankheitsangst. Ich schäme mich gleich mehrfach.
Natürlich habe ich im Laufe der Zeit, insbesondere in den vergangenen Wochen und Monaten, die Einsicht gewonnen, dass ich bisher keine ernsthaften Krankheiten hatte, sondern sie mir nur einbildete. Dies ist für sich allein genommen schon Grund genug, vor Scham in den Boden zu versinken. Ein schlechtes Gewissen kommt auf, wenn man dies an sich selbst feststellen muss oder wenn die Familie bemerkt, der Ehemann oder der Vater macht sich und anderen ständig etwas vor. Machogehabe ist mir ebenso fremd wie autoritäres Verhalten und dennoch möchte wohl jeder eine gewisse Anerkennung erfahren. Aber wie kann Respekt erwartet werden, wenn unbegründete Ängste das Familienleben durcheinanderbringen? Aus dieser Erkenntnis erwächst Scham.

Meine Internetrecherchen, die Anrufe bei Ärzten oder Forschungseinrichtungen führe ich im Büro durch, sobald sich das Personal in den Feierabend verabschiedet hat. Angestellte und die Familie sollen nichts davon mitbekommen. Den Gesundheitsratgeber nehme ich zur Hand, nachdem sich meine Frau zum Schlafen gelegt hat. Scham ist die Ursache für diese Geheimniskrämerei, die mir, abgesehen von der Vorweihnachtszeit, fremd ist.
Scham begleitet mich, wenn ich zu meinem Arzt, dem Internisten, gehe. Sein Verhalten mir gegenüber ist einwandfrei, aber seine Gedanken kann ich nicht lesen. Denkt er: „Der schon wieder, was steht heute auf dem Programm?" Ich schäme mich, weil ich befürchte, er könnte so oder so ähnlich über mich urteilen.

Die erwähnten Kosten, die meine ärztlichen Untersuchungen verursachen, tun, wie bereits erwähnt, ihr Übriges, um Schuldgefühle aufkommen zu lassen.
Ebenso kostete es Überwindung, anfänglich bei den therapeutischen Sitzungen und Einzelgesprächen das Innere nach Außen zu kehren.
Ich habe mich häufig geschämt und darf dennoch dankbar sein, dass ich mit meiner Familie, meinem Arzt - dem Internisten - und in der Therapie Menschen angetroffen habe, die mir in den jeweiligen Situationen nicht das Gefühl gaben, wegen meiner eingebildeten Krankheiten minderwertig zu sein. Im Gegenteil, man wollte mir helfen. Scham bleibt dennoch.

***

Hypochonder streben nach Rückversicherung. Hierzu zählen vor allem Arztbesuche, Literaturstudium, Internetrecherche. Wir lernen in der Gruppensitzung, dass diese Arten von Rückversicherung möglichst vermieden, zumindest eingeschränkt werden sollten. Den positiven Aspekten stünden in der Regel zu viele negative Folgen gegenüber. Mittels Literatur und Internet beispielsweise würde eine Fülle von Informationen gesammelt, die aber, da sie für den medizinischen Laien nicht verständlich sind, letztlich nur verwirren und damit für ihn gefährlich wären. Ich kann dem nur zustimmen. Die allgemein verständliche Darstellung eines Krankheitsbildes in einer Tageszeitung oder einer Frauenzeitschrift bringt mich nicht weiter und der Aufsatz in der Fachliteratur ist ein Buch mit sieben Siegeln.

Der Arztbesuch, fährt die Gruppenleiterin fort, würde zweifellos zu einer gewissen Beruhigung beitragen. Ihre Erfahrung hätte aber gezeigt, dass diese Beruhigung bei den meisten Patienten nur von kurzer Dauer sei. Viele würden berichten, der Arzt höre nicht zu, werde während des Gesprächs abgelenkt, hätte wenig Zeit, würde oberflächlich oder gar nicht untersuchen und vor allem, er nehme den psychisch Kranken augenscheinlich nicht ernst.

Als Konsequenz würde das Vertrauen in diesen Mediziner schwinden, ein anderer würde aufgesucht. Brächte auch er nicht das gewünschte, beruhigende Ergebnis zutage, würde erneut gewechselt. Besuche bei verschiedenen Ärzten in immer kürzeren Abständen mündeten letztlich in einen völligen Vertrauensverlust mit ständig geringerer Akzeptanz der Diagnosen. Die Dauer der Beruhigung würde immer kürzer, die Angst verstärke sich, statt nachzulassen.

Ich vergleiche dies mit meiner Situation und stelle für mich fest, dass dies in der Vergangenheit teils zutraf, teils nicht. Ich habe viele Ärzte in den letzten zehn Jahren aufgesucht, zu viele. In der Regel habe ich dann verschiedene Ärzte konsultiert, wenn auch die Symptome unterschiedlich waren. In manchen Fällen, so bei ALS, wechselte ich sie, weniger weil ich ihnen misstraut hätte, als vielmehr, weil es mir peinlich war, in allzu kurzen Abständen zum gleichen Arzt zu gehen. Meist blieb ich meinem Internisten treu.
Gleichwohl waren diese zahllosen Arztbesuche auch für die Bewältigung meiner Krankheitsängste alles andere als förderlich.
Ebenso falsch wäre es - so die Gruppenleiterin - Signale des Körpers zu ignorieren und ärztlichen Rat überhaupt nicht mehr einzuholen. Sie empfiehlt ein festes Zeitschema für Arztbesuche, d.h. Termine zu vereinbaren, ohne dass ein konkreter Anlass gegeben ist. In der Zwischenzeit sollte versucht werden, ohne Rückversicherung durch den Arzt, die Ängste selbst zu bewältigen. Leichter gesagt als getan.
Wenn ich daran denke, welche grotesken Formen Rückversicherung im weitesten Sinn bei mir annimmt, erröte ich vor Scham. So suche ich ab und an kurzfristige Beruhigung in abergläubischem Denken: Bleibt die Ampel an der nächsten Straßenkreuzung auf Grün, bleibe ich von ALS verschont. Wechselt sie, bevor ich sie erreiche, auf Rot, steht zu befürchten, dass es mich getroffen hat, wobei ich diese gedanklichen „Wetten“ nur eingehe, wenn ganz offensichtlich noch eine längere Grünphase zu erwarten ist. Schließlich will ich ein Signal, eine Versicherung, nicht krank zu sein.
Ebenso müssen Horoskope dafür herhalten, um mir für die jeweils kommende Woche ein Wohlbefinden zu suggerieren. Wird mir Unheil vorhergesagt, drückt es entweder auf die Stimmung oder ich mache mich so lange auf die Suche, bis mir Gegenteiliges verheißen wird.

Statt am Grab meiner Eltern für deren Seelen zu beten, erbitte ich ihren Beistand von höherer Warte aus. Ich glaube, nur wer jahrelang zutiefst verängstigt lebt, kann Verständnis für diese absonderliche Suche nach Rückversicherung aufbringen und wissen, wie sehr man nach jedem Strohhalm greift, und sei er noch so kurz.

***

Der Bruder meiner Frau ist trotz Schmerzmitteln unter schrecklichen Qualen gestorben.

Kurz nach seiner Beerdigung beginnt der kalendarische Herbst. Das Wetter wird ungemütlich; die Büroräume sind morgens ausgekühlt. Leichter Reizhusten und ein Kratzen im Hals stellen sich bei mir ein. Hustentropfen aus der Apotheke helfen ebenso wenig wie die homöopathischen Mittel, die der Hals-, Nasen- und Ohrenarzt verschreibt. Ich finde in unserem Medikamentenschrank noch codeinhaltige Tabletten, die anlässlich eines früheren Arztbesuches verordnet wurden und übrig geblieben waren. Ebenfalls Fehlanzeige.

Ich versuche, bisher Erlerntes aus den Sitzungen umzusetzen und will es weiterhin probieren. Auch wenn schon längst die Gedanken davon beherrscht sind, es könnte entweder eine Lungenkrebserkrankung, wie bei meinem verstorbenen Schwager, oder ein Kehlkopfkrebs zugrunde liegen, will ich nicht sofort volles Programm fahren, sprich stundenlang im Internet surfen oder sofort den Lungenfacharzt aufsuchen.

Erneut ein Besuch beim HNO-Arzt. Wiederum werden nur schleimlösende Mittel verordnet, vorsichtshalber ein Rezept über Antibiotika und prophylaktisch, weil er in Urlaub geht, eine Überweisung zum Radiologen ausgestellt.

Ich halte mich strikt an die Einnahmevorschriften, der Husten verstärkt sich, anstatt besser zu werden. Ich mache vom Rezept Gebrauch und bin wegen der fehlenden Wirkung des Antibiotikums enttäuscht.

Ich betrachte es als kleinen Erfolg, dass ich nicht allzu viel Zeit verschwende, um im Internet bei den Stichwörtern „Lungen- oder Kehlkopfkrebs“ zu recherchieren. Ich rede mir außerdem gut zu, etwas mehr Willensstärke zu zeigen und nicht sofort wieder zum Arzt zu rennen. Habe ich doch in den Sommer-

monaten erfolgreich ein Diätprogramm absolviert und mir selbst bewiesen, dass ich ein gewisses Durchhaltevermögen habe. Und dennoch: Einige Tage später lasse ich mir beim Lungenfacharzt einen Termin geben. Es haben sich schon wieder viel zu viele Befürchtungen angehäuft. Er kann anhand der Röntgenaufnahmen, die er macht, keine krankhafte Veränderung an Bronchien und Lunge feststellen. Er verschreibt gleichwohl ein cortisonhaltiges Präparat. Es bewirkt so wenig wie das Antibiotikum des HNO-Arztes. Wer hätte in dieser Situation, in der solche Arzneien nicht greifen, nicht ebenfalls Schlimmeres befürchtet, oder wäre zumindest ins Grübeln gekommen? Sollte tatsächlich das Glas Wein, das ich mir spät abends nach getaner Arbeit gönne, ursächlich für eine Kehlkopferkrankung sein? Habe ich meinen Teil dazu beigetragen? Das Risiko, hieran zu erkranken, steigt angeblich um das vierzehnfache gegenüber dem Abstinenzler, erfahre ich im Internet.
Krankheitsängste, muss ich mir in diesem Augenblick eingestehen, können natürlich auch durch eigenes Fehlverhalten verstärkt werden. Manchmal kommen sie nicht von ungefähr und haben einen realen Hintergrund. Sollte ich noch einmal davonkommen, so gelobe ich Besserung und will noch mehr auf gesundes Leben und Ernährung achten. In der Jackentasche trage ich die Überweisung für eine Magnetresonanztomografie (MRT). Sie muss Klarheit bringen. Die Befürchtung, während der fast halbstündigen Bildaufnahmen in der engen Trommel Hustenanfälle zu bekommen, die die Bilder möglicherweise verfälschen, erweist sich glücklicherweise als grundlos. Noch unbegründeter war offenkundig die Angst, im Halsbereich hätte sich eine Geschwulst gebildet. „Kein raumgreifender Prozess", oder so ähnlich, drückt sich der Arzt aus. Vermutlich war es mal wieder nur ein nervös bedingter Reizhusten oder eine kleine Erkältung, die sich hochgeschaukelt hatte.

***

Unabhängig vom Therapieprogramm suche ich nach eigenen, zusätzlichen Maßnahmen, die ebenfalls helfen könnten.
Da ich selbstironisch sein kann, viel für Humor übrig habe, insbesondere, wenn er von etwas hintergründiger, subtiler Art ist, bin ich der Meinung, die Krankheitsangst mit seiner Hilfe besiegen zu können. Mich selbst auf die Schippe nehmen nach dem Motto: „Kribbelt es bei mir im Bein, kann es ALS nur sein." Dieses Denken funktioniert, so muss ich feststellen, allerdings nur in den Tagen nach einem Besuch beim Arzt, wenn ich aufgrund eines negativen Befundes (für mich positiv) euphorisch bin. Aber wehe, die Krankheitsangst hat wieder die Oberhand gewonnen. Dann ist Schluss mit lustig.

Zeitschriften, die in Apotheken dargeboten werden und die ich in der Vergangenheit bei jedem Besuch dort mitnahm, lasse ich seit kurzem liegen. Sie bringen mich nur auf neue Krankheiten, von denen ich zuvor noch nicht „heimgesucht" war. Mein Fernsehkonsum ist grundsätzlich gering; Sendungen zu medizinischen Problemen werden künftig noch weniger Platz einnehmen als bisher.
Wegen dieser Maßnahmen allein werde ich von Krankheitsängsten nicht geheilt, aber es sind kleine, unterstützende Schritte.

Ebenso wenig würde eine Ernährungsumstellung eventuell in Verbindung mit mehr körperlicher Bewegung meine Ängste beseitigen. Und dennoch könnte die Vorstellung, gesünder zu leben und damit grundsätzlich weniger anfällig für schlimme Krankheiten zu sein, mir mehr Sicherheit geben. Zwar essen wir in der Familie nach meinem Dafürhalten recht vernünftig. Regelmäßig kommen Fleisch, Gemüse und Fisch auf den

Tisch. Etwas mehr Obst und dafür weniger Süßigkeiten und Kuchen könnten mir aber bestimmt nicht schaden.
„Ein Apfel am Tag erspart den Onkel Doktor“, pflegten die Menschen schon früher zu sagen. Scheint wohl etwas dran zu sein; haben doch Langzeitstudien angeblich eine deutliche Reduzierung von Krebserkrankungen bei denjenigen gezeigt, die täglich einen halben Apfel essen. So stand es zumindest in der Apothekerzeitung, die ich ab sofort nicht mehr lesen will. Folglich esse ich seit kurzem vermehrt Obst, vor allem Äpfel! Besser als Vitaminpräparate. Ohne Süßes aber komme ich nicht aus. Nervennahrung sozusagen.

Ich habe mich zu einem Volkslauf über „Zehn Kilometer Walking“ angemeldet. Das Ereignis soll in einem halben Jahr stattfinden. Ausreichend Zeit, um dafür zu trainieren. Und Training brauche ich dazu, wie ich feststellen muss. Völlig ungeübt, komme ich im Augenblick recht schnell aus der Puste, wie die ersten Gehversuche zeigen. Aber jetzt habe ich ein für mich ehrgeiziges Ziel, für das ich sogar noch einen kleinen Obolus entrichtet habe.
Statt täglich den Briefkasten um die Ecke anzusteuern, gehe ich fortan in zügigen Schritten zur weiter entfernt liegenden Postannahmestelle; hin und zurück immerhin zweieinhalb Kilometer. Am Wochenende fahre ich nicht in mein Büro, sondern gehe die vier Kilometer Entfernung zu Fuß. Das Laufband zu Hause kommt nunmehr ebenfalls verstärkt zum Einsatz.
Und warum das alles? Zum einen liegt mir meine Frau immer häufiger in den Ohren, mich sportlich zu betätigen. Zum anderen erwarte ich nunmehr doch einen positiven Effekt auf meine Krankheitsängste. Wenn durch das Laufen der Blutdruck gesenkt werden kann, die Herzrhythmusstörungen nachlassen oder vielleicht völlig verschwinden, das Gewicht etwas reduziert wird, Glückshormone freigesetzt werden und so

weiter, dann hoffe ich, dass weniger Symptome auftreten, die ich in die Anzeichen einer beginnenden, lebensbedrohlichen Krankheit uminterpretiere.
Freunde und Bekannte, die mich auf meinen Sinneswandel ansprechen, verweise ich auf die Internetseite des Veranstalters, auf der die Ergebnisse des Volkslaufes vom vergangenen Jahr aufgelistet sind. Damals hatten neun Männer und einhundertundsechs Frauen an der Disziplin „Zehn Kilometer Walking“ teilgenommen. „Mindestens elf Frauen auf einen Mann; Herz, was willst du mehr“, entgegne ich dann lachend.
Bei den Gruppensitzungen hatten die Betroffenen, die Fitness-Studios aufsuchen oder sich anderweitig sportlich betätigen, davon berichtet, Sport hätte keinen positiven Einfluss auf ihre Krankheitsängste gehabt. Ihre Ängste seien dadurch weder unterdrückt worden noch verflogen.
Dies ist auch nicht mein Anliegen, sondern künftige sportliche Bewegung soll eine unterstützende Maßnahme zum Stressabbau und zur Reduzierung von Symptomen sein. Es setzt sich bei mir langsam die Erkenntnis durch, dass es trotz der vielen beruflichen Arbeit noch andere Dinge im Leben gibt, die gleichwertig sind, vielleicht sogar vorrangig, weil ohne sie die Arbeit gar nicht erfolgreich erledigt werden kann.
Auch die Kursleiterin hält, obwohl es noch zu wenige Studien zu dem Thema „Hypochondrie und Sport“ gäbe, dessen Bedeutung für groß. Physiologische und psychologische Wirkungsmechanismen würde man hierfür verantwortlich machen.

Bei der Frage, welche Maßnahmen zusätzlich zum Therapieprogramm Erfolg versprechen könnten, sollte bei mir eigentlich der Abbau von beruflichem Stress im Vordergrund stehen. Auch der Therapeut will mich in dieser Hinsicht beeinflussen und schlägt eine Verkürzung der täglichen Arbeitszeit vor.
Ich versuche es, falle aber wieder in den alten Trott zurück. Der Termindruck ist zu groß. Weiteres Personal einzustellen,

rechnet sich nicht. Organisatorisch dürfte sich nichts gravierend verbessern lassen. Zum Umsatteln, d.h. einen anderen Beruf zu ergreifen, ist es zu spät. Folglich wird alles beim Alten bleiben. Ich vermute, dass im Laufe der nächsten Jahre der Arbeitsumfang ohnehin zurückgehen und sich damit zumindest der zeitliche Druck reduzieren wird.

Die Idee, über meine Krankheitsängste ein Buch zu schreiben, auch wenn es später nicht veröffentlicht werden sollte, kam mir mit Beginn des Therapieprogramms. Geld verdienen würde ich damit auf keinen Fall, im Gegenteil. Die Druckkosten wären vermutlich höher als die Erlöse, ganz zu schweigen von der Zeit, die ich stattdessen gewinnbringender im Büro einsetzen könnte. Wer nicht gerade über Zauberlehrlinge im schottischen Hochmoor schreibt, wird als Buchautor nicht reich. Und überhaupt: Ist es nicht das Beste, sich gerade nicht mit Krankheiten zu beschäftigen, sondern die Gedanken um andere Dinge kreisen zu lassen? Fest steht, so haben wir es in der Therapie gelernt, das Für und Wider herauszuarbeiten, gegenüberzustellen und zu bewerten. Letztlich aber immer nur dann, wenn die Angst sich eingestellt hat, und nicht als Präventivmaßnahme. Beim Schreiben würde ich mich, gewollt oder ungewollt und intensiver denn je, mit allen Schattierungen meiner Krankheitsängste wieder auseinandersetzen, und dies in angstvollen wie in angstfreien Zeiten. Alles wieder hervorholen und durchkauen, selbst wenn ich hoffte, das eine oder andere besiegt zu haben.
Und dennoch, es reizt mich. Vielleicht gerade deshalb, weil ich hierzu von dritter Seite weder eine unterstützende noch eine ablehnende Meinung gehört habe. Möglicherweise betrete ich Neuland, wenn ich mich oute, wie es in Neudeutsch heißt. Letztendlich aber könnte ich davon ausgehen, dass ich mich bei jedem Wort, jedem Satz, den ich zu Papier bringen würde, intensiver nicht nur mit einer Krankheit und ihrer Angst davor

auseinandersetzen müsste, sondern insbesondere auch mit den Möglichkeiten ihrer Bewältigung. Ich würde mir die kurativen Vorschläge ins Gedächtnis rufen und auf diese Art nur gewinnen können. Bei einer eventuellen Veröffentlichung des Buches würde ich vielleicht sogar noch einen kleinen Beitrag leisten, um anderen Betroffenen zu helfen.
Sollte es mich über Gebühr belasten, so wäre es ein Leichtes, das Angefangene in die Ecke zu werfen. Seitdem ich den Entschluss gefasst habe, einen Erfahrungsbericht zu schreiben, versorge ich mich, sobald ich aus dem Haus gehe, mit den notwendigen Utensilien. In den Wartezimmern der Ärzte notiere ich das meiste. Obwohl sich deutsche Mediziner laut statistischen Untersuchungen angeblich nur fünf Minuten Zeit für einen Patienten nehmen und man deshalb eigentlich recht schnell an die Reihe kommen müsste, kann ich mich bei meinen Aufenthalten in den Wartezimmern über mangelnde Gelegenheit zum Schreiben nicht beschweren.

***

Was wäre eigentlich, wenn bei meinen Arztbesuchen tatsächlich eine ernstzunehmende, möglicherweise todbringende Krankheit zu Tage treten würde? Wie würde ich reagieren, welche Gedanken gingen mir durch den Kopf? Oder anders gefragt, würde es mir etwas nützen, wenn ich akut, da kein solcher Befund bekannt ist, mir dies vorstelle? Käme ich dann unter Umständen zu einem ganz anderen Verhalten? Müsste ich denn so viel aufgeben?

Jeder Mensch stirbt früher oder später. Ein Bruder starb als Säugling, ein Bruder meiner Frau mit vierzehn Jahren, meine Tante kam im Alter von fünfundzwanzig Jahren bei einem Verkehrsunfall ums Leben. Allesamt Menschen aus dem engsten Familienkreis. Wie wenig haben sie von ihrem Leben gehabt. Ganz zu schweigen von den vielen Schicksalen, die seit Menschengedenken tagtäglich jüngere Menschen als mich treffen; sei es durch Hunger, Krieg, Unfälle, Naturkatastrophen, Krankheiten, Folter oder Morde. Die grausamsten Dinge geschehen. Wer den Sinn hinterfragen will, erhält keine befriedigende Antwort.

Ein Mann muss in seinem Leben einen Sohn zeugen, ein Haus bauen und einen Baum pflanzen. Ich habe zwei Söhne, auf die ich stolz bin, Bäume habe ich schon viele gepflanzt. Wenn auch eine Eigentumswohnung zählt, dann habe ich alles erreicht, was ein Mann angeblich auf Erden tun muss. Also könnte ich eigentlich abtreten. Wenn ich das bisherige Leben Revue passieren lasse, komme ich zu dem Schluss, vieles gesehen, gehört oder gelernt zu haben. Ich hatte das Glück, geboren zu werden - dies kommt bekanntlich von der Wahrscheinlichkeit her einem Lottogewinn gleich - und zu erfahren, dass es ein Universum gibt, mit einer Erde irgendwo am Rande, geprägt von Natur und Leben.

Sollten mir noch weitere Jahre vergönnt sein, so wären sie gefüllt mit Arbeit, Freude und Sorgen. Vieles wäre Routine, würde sich wiederholen, einige neue Eindrücke kämen hinzu. Das Grundsätzliche, das Wesentliche aber wurde mir schon im bisherigen Verlauf des Lebens bewusst. Warum also derart daran hängen und Angst haben, es könnte durch eine schlimme Krankheit früher als erwartet enden? Diese Fragen sollten doch zumindest angedacht werden. Ist es die Angst vor körperlichen Schmerzen, die Furcht, die Familie mit Trauer und Problemen zurückzulassen, die Erkenntnis, selbst nicht loslassen zu können? Oder überwiegt schlicht die egoistische Einstellung, mit dem Tod etwas aufgeben zu müssen, woran man hängt? Noch schmeckt das Essen, sind die Sinne halbwegs klar, erfreut man sich an Kleinigkeiten und genießt meist das Leben. Lohnt es sich für mich demnach doch, Angst vor todbringenden Krankheiten zu haben? Um des Lebens und der Familie willen sicherlich. Und dennoch würde es mir helfen, wenn ich das eigene Leben vergleiche, gewichte und in Relation setze. Einerseits zu dem Leben derer, die auf Erden nur ein kurzes Gastspiel geben durften („sei froh, dass dir bisher eine längere Verweilzeit vergönnt war"), und zum andern im Hinblick darauf, dass ich eigentlich nicht mehr allzu viel erwarte. Weder beabsichtige ich, in Demut zu verfallen, noch mir eine sonst wie geartete Unterwürfigkeit einreden zu wollen. Allein der Blick morgens in die lokale Tageszeitung unter der Rubrik Todesannoncen reicht aus, um mir klar zu machen, dass es mir eigentlich recht gut geht. Es vergeht fast kein Tag, an dem nicht in einer Traueranzeige vom Tod eines Menschen berichtet wird, der etwa in meinem Alter war oder weit jünger.

Mehr Gelassenheit, so denke ich, würde mir helfen beim Kampf gegen die Krankheitsangst.

Bei meinem fast täglichen Ärger und den Sorgen im Beruf kommen Gedanken auf, die von ihrer Wirkung ähnlich sein

könnten, von ihrem Ansatz her aber ganz anders sind. „Wozu der ganze Kummer? Sei doch froh, wenn Du krank wirst, dann bist du aller Sorgen ledig." Diese Art von Gelassenheit ist vielleicht verständlich, bedeutet sie letztlich doch nur Öl ins Feuer gießen und die Krankheitsangst mit dem Beelzebub austreiben wollen.
Diese Art der „Therapie" sollte ich mir nicht zu eigen machen.

Die Fragen, wie reagiere ich und was geht mir durch den Kopf, wenn wirklich einmal eine todbringende Krankheit diagnostiziert wird, muss ich mir in der Tat eines Tages stellen. Und ich reagiere merkwürdig.
Innerhalb von zwei, drei Stunden steigt meine Körpertemperatur auf 41 Grad. Mein Internist ist in Urlaub, sein Vertreter macht kurzen Prozess und weist mich in das Krankenhaus ein. Blutabnahmen, Urinuntersuchungen, Infusionen, Röntgen - das wohl übliche Programm bei solch unklarer Anamnese läuft ab. Allerlei Krankheitsängste schwirren wieder im Kopf herum. Spätabends treffe ich die junge diensthabende Ärztin auf dem Flur und erkundige mich nach ersten Ergebnissen. Etwas zögerlich teilt sie mir mit, auf dem Röntgenbild sei Wasser in der Lunge zu erkennen; zwei, drei Zentimeter hoch. Ich bräuchte mir deswegen aber keine Sorgen zu machen, fügt sie in ihrem etwas gebrochenem Deutsch hinzu, dies könne mehrere Ursachen haben. Allerdings sei auch ein Lungenkarzinom nicht ausgeschlossen. Seitdem mein Vater und mein Schwager verstorben sind, weiß ich nur allzu gut um die Bedeutung von Wasseransammlungen in der Lunge.
Ich habe schon ruhiger geschlafen als in dieser Nacht. Und dennoch verfalle ich nicht in Panik, es fließen keine Tränen, kein Wutausbruch, keine quälenden Gedanken. Irgendwie akzeptiere ich die Diagnose und finde mich sofort damit ab.
Als mich meine Frau am darauffolgenden Tag anruft, um mir einen guten Morgen zu wünschen und sich nach meinem

Befinden erkundigt, berichte ich ihr von der mitgeteilten Diagnose. Sie macht mir verständlicherweise Vorhaltungen, weil ich sie nicht umgehend abends zuvor informiert habe.
Zum einen wollte ich sie nicht unnötig belasten und ihr damit eine unruhige Nacht bereiten, zum anderen hat mich die Diagnose kleinlaut gemacht. Ich brauche in diesem Augenblick merkwürdigerweise keinen seelischen Beistand, hoffe allenfalls darauf, dass es dennoch Heilungsmöglichkeiten gibt. Ist die schlimme Diagnose erst einmal gestellt, verfliegt bei mir ganz offensichtlich die Angst vor der Krankheit. Der Feind ist tatsächlich vorhanden, jetzt gilt es, ihn zu bekämpfen.
Die junge Ärztin ist zu ihrem Glück bei der Visite nicht zugegen; ich weiß nicht wie der behandelnde Arzt ihr gegenüber reagiert hätte, macht er doch sogar mir unterschwellig Vorwürfe, dass ich nicht seinen Befund abgewartet, sondern am Abend zuvor auf eigene Faust Informationen eingeholt habe. Das angebliche Wasser in der Lunge entpuppt sich als Überbleibsel einer nicht ganz auskurierten Bronchitis. Das Fieber verschwindet so schnell wie es gekommen ist.
Der falsche Befund der Ärztin lässt mich in der Folge zwar nicht an der Kompetenz der Ärzteschaft zweifeln, förderlich ist er allerdings auch nicht. Ich war offenbar einer der ersten Patienten, den die Ärztin nach ihrem Studium anfassen durfte.

***

Meine Erfahrungen mit der Ärzteschaft sind bisher vielfältig und teilweise zwiespältig. Grundsätzlich suche ich sie auf, weil ich von ihrer Kompetenz überzeugt bin. Wer sonst, wenn nicht sie, sollte mir medizinischen Rat geben? Ein strenger Numerus Clausus führt dazu, dass nur die Besten eines Jahrgangs das Medizinstudium beginnen, und jahrelange theoretische und praktische Ausbildung sorgt für die notwendigen Voraussetzungen, anschließend kurativ tätig sein zu dürfen. Der Beruf der Ärztinnen und Ärzte ist kompliziert und erfordert ein hohes Maß an Verantwortungsbewusstsein. Mittlerweile unterliegt er aber mehr und mehr ökonomischen Zwängen.

Ein Hypochonder, wie ich es bin, sucht normalerweise die Ärzteschaft häufiger auf als die Mehrzahl seiner Mitmenschen und ist aufgrund seiner vielen Besuche möglicherweise eher in der Lage, sich ein Urteil zu erlauben. Viele negative Erfahrungen haben meine Meinung beeinflusst.

Was soll ich beispielsweise vom Lungenfacharzt vor Ort halten, der mir ein Lungenemphysem im fortgeschrittenen Stadium diagnostizierte und drei Monate später, als ich mich über den weiteren Verlauf dieser Krankheit informieren wollte, deren Existenz verneinte. Das Lungenemphysem beruht bekanntlich auf einer vermehrten Luftfüllung der Lungenbläschen infolge herabgesetzter Dehnbarkeit der elastischen Fasern der Lunge. Wenn diese einmal geschädigt sind, sind sie nicht mehr reparabel. Folglich war die erste Lungenfunktionsprüfung fehlerhaft und die angebliche Verbesserung nicht Folge eines Trainingseffekts, wie mir der Arzt weiß machen wollte.

Die Nervenärztin und der Hausarzt, die meine Mutter betreuten, haben nachweislich falsche Diagnosen gestellt.

Die junge Ärztin, die den Schatten auf der Lunge als eine Ansammlung von Wasser interpretierte, lag mit ihrer Meinung ebenso daneben wie wohl auch der leitende Arzt der Privatklinik, der den verminderten Blutdruck auf sein homöopathisches Mittel zurückführen wollte.

Gleichwohl wäre es unfair und einfach nicht richtig, meine vielen Arztbesuche allein mit solchen Fehleinschätzungen begründen zu wollen. In den meisten Fällen wurden meine Beschwerden als das erkannt, was sie waren, nämlich psychisch bedingte Störungen oder unbedeutende Unpässlichkeiten, nicht aber ernsthafte, organisch bedingte Erkrankungen. Wenn ich die befürchtete Krankheit namentlich genannt hatte, der Arzt alle notwendigen Untersuchungsmaßnahmen zwecks seiner Diagnose durchgeführt hatte und - besonders wichtig - die bemerkten Symptome einer eingebildeten Krankheit umgehend verschwanden, war ich beruhigt. Die Beruhigung hielt unterschiedlich lange an. Ein konformes Schema konnte ich nicht entdecken. Erneute Arztbesuche waren in den meisten Fällen weniger die Folge von Misstrauen in die zuletzt gestellte Diagnose als eher die Folge von erneut aufkommenden Symptomen, die scheinbar heftiger und ausgeprägter empfunden wurden als das Mal davor oder andersartig waren. „Logisch, dass der Arzt damals noch nichts feststellen konnte. Hätte ich ihm schon beim letzten Besuch davon berichten können, hätte er die Krankheit wohl schon längst bemerkt." Solche oder so ähnliche Überlegungen waren bei mir bestimmend.

Ich muss andererseits aber auch einräumen, dass ich die Ärzte solange aufgesucht habe, bis sie schließlich die Apparatemedizin einsetzten, durch die nach meiner laienhaften Einschätzung jeder Zweifel ausgeschlossen wurde, an der befürchteten Krankheit zu leiden. Tropfen, Tabletten oder übliche

Röntgenaufnahmen, wie man sie seit Jahrzehnten kennt, waren für mich nicht ausreichend genug. Stets musste schwerstes Geschütz aufgefahren werden. Wenn ich erfahren hatte, dass in dem einen oder anderen Fall eine Magnetresonanztomografie (MRT) einer Computertomografie diagnostisch überlegen war, suchte ich den Mediziner auf, der sie einsetzte. Die Ärzte traf an dieser kostspieligen Vorgehensweise keine Schuld.

Manchmal hatte ich das Gefühl, eine Art Virus schleicht in meinem Körper herum, treibt sein Unwesen an irgendeinem Organ, bringt mich in Todesangst, um anschließend, nachdem ich durch ärztliche Untersuchung von der Angst befreit wurde, an anderer Stelle wieder aufzutauchen.
Vielfältige Beschwerden an unterschiedlichen Körperstellen, insbesondere den Organen, waren somit ebenfalls hauptursächlich für die mannigfachen Konsultationen bei den Ärzten.

***

Etwa ein viertel Jahr nach der letzten Therapiesitzung werden wir Teilnehmer zu einem erneuten Treffen eingeladen. In kleinem Kreis berichten wir über unsere Erfahrungen. Ich bin überrascht zu hören, dass die anderen Probanden Verbesserungen verspüren. Sie räumen aber auch gleichzeitig ein, der Zeitpunkt, dies endgültig beurteilen zu können, sei wohl noch zu früh. Die Frau in unserer Gruppe, die am längsten und am intensivsten von Krankheitsängsten befallen ist, teilt erfreut mit, sie hätte ihre Psychopharmaka um die Hälfte reduzieren können. Ein schöner Erfolg.
Ich reklamiere für mich (und bin auch ziemlich davon überzeugt), dass mich Muskelzuckungen und Herzrhythmusstörungen so schnell nicht wieder veranlassen werden, das Schlimmste zu befürchten und die Ärzte aufzusuchen. In diesen beiden Fällen, so versuche ich mir einzureden, bin ich nunmehr doch ausreichend und häufig genug untersucht worden. Was sollen die Ärzte denn beim nächsten Mal noch anstellen? Auch von heimtückischen Erkrankungen innerer Organe sollte ich in naher Zukunft eigentlich verschont bleiben. Die ärztlichen Untersuchungen und Vorsorgeprogramme bei Magen, Nieren oder Darm sind nun einmal so ausgelegt, dass in aller Regel während eines Fünf- oder gar Zehnjahreszeitraums nach einem intensiven Check-up keine krankhaften Veränderungen eintreten sollten.
Ein Blick in ein medizinisches Nachschlagewerk jedoch und jedes gute Zureden kann bei mir über den Haufen geworfen werden. Es gibt noch hunderte von schlimmen Krankheiten, an die ich weder denken mag, noch will ich sie hinterfragen.

Ein weiteres Treffen der Therapiegruppe im kommenden Jahr wird angeregt.

***

Meine Einstellung zum Leben hat sich schlagartig geändert. Ich glaube, für mich ein Nahtoderlebnis reklamieren zu können, zu müssen. Trotz meiner Krankheitseinbildungen bin ich weit davon entfernt, mystische Gedanken zu verfolgen, sie mir zu eigen zu machen oder gar ein Anhänger irgendwelcher Theorien zu sein.

Und dennoch! Kurz vor Weihnachten geschieht es. Ich kann es nur schwer beschreiben. Weder schwebe ich über mir und sehe auf mich herab noch werde ich durch einen Tunnel geschleust oder mit großer Helligkeit konfrontiert. Auch begegnen mir keine Verwandten im Geist oder läuft mein Leben wie in einem Film vor meinen Augen ab. So oder so ähnlich soll es Menschen ergangen sein, die von Erlebnissen berichten, bei denen sie sich an der Grenze zwischen Leben und Tod befunden haben wollen.

In der ersten Phase des Schlafs habe ich das Gefühl, von allem, das mich umgibt, losgelassen zu werden, davongetragen zu werden, in ein großes Loch zu fallen. Ich kann nicht sagen, dass es mir unangenehm ist, im Gegenteil. Als wollte eine innere Stimme mir sagen, du sollst jetzt sterben, lass es nicht zu, wehre ich mich, wache auf, mit Kribbeln im Arm. Ich versuche, das Ganze zu verstehen. Einerseits weiß ich keine andere Erklärung, als tatsächlich zu glauben, ich wäre soeben beinahe gestorben, andererseits muss ich auch daran denken, dass vielleicht meine Schlafapnoe ursächlich gewesen sein könnte. Auf jeden Fall habe ich Angst, wieder einzuschlafen. Ich vermeide auf dem Rücken zu liegen, werde von der Müdigkeit übermannt und wache Stunden später unausgeschlafen auf. Meine Frau und mein Sohn hören kopf-

schüttelnd und ungläubig zu, als ich am Morgen davon berichte.
In den folgenden Tagen finde ich keine Ruhe. Der Gedanke an das nächtliche Erlebnis quält und beunruhigt mich. Sollte ich tatsächlich dem Tod von der Schippe gesprungen sein? Ich bin zumindest überzeugt, dass es, wenn tatsächlich einmal der Zeitpunkt gekommen sein sollte, mit dem Sterben so oder ähnlich ablaufen wird, wie ich es empfunden habe. Wie denn auch sonst? Mit etwas Abstand und rational betrachtet, komme ich für mich zu dem Ergebnis, dass an dem Nahtoderlebnis durchaus etwas dran sein kann. Meine Frau hat mich in den letzten Jahren schon mehrfach mitten in der Nacht geweckt und aufgefordert weiterzuatmen. Offensichtlich habe ich in diesen Situationen über einen längeren Zeitraum, und seien es nur zwanzig, dreißig Sekunden gewesen, meist auf dem Rücken liegend, aufgehört zu atmen. Mein Internist, dem ich hiervon berichtete, hatte die Angelegenheit ernst genommen und mich zum Lungenfacharzt überwiesen. Verordnete Messungen mit Hilfe eines Atmungsgerätes hatten in der Folge mehrere Aussetzer beim Atmen aufgezeichnet, aber scheinbar noch nicht so gravierend, um zusätzliche Maßnahmen, wie beispielsweise das Tragen einer Atemmaske, notwendig werden zu lassen.
In dieser Nacht vor Weihnachten kann sich tatsächlich eine Schlafapnoe verstärkt bemerkbar gemacht haben. Mangelnde Sauerstoffzufuhr erzeugten im Gehirn die beschriebenen Bilder und Gedanken. Ich bin zum Glück noch rechtzeitig aufgewacht. Ich wäre nicht der erste, der wegen eines Atemstillstandes im Schlaf gestorben wäre.
Wie dem auch sei, ich versuche, das Erlebte positiv umzusetzen. Dazu gehört die Einstellung und Überzeugung, noch einmal davon gekommen und dafür dankbar zu sein. Ich bemühe mich seitdem, alltägliche Ärgernisse anders zu gewichten und letztlich auch Krankheitsängste weniger

gravierend zu bewerten. Was soll von nun an noch Schlimmeres mit mir geschehen?
Es gibt nichts Schlechtes, als dass es nicht auch etwas Gutes hätte.

***

Seit dem letzten Auftreten von Krankheitsangst, zeitgleich mit dem Ende der Gruppensitzungen, ist fast ein Jahr vergangen. Leichter Optimismus macht sich bei mir breit. Die Abstände zwischen dem Verfliegen von Krankheitsangst und dem Auftreten einer neuen, waren in der Vergangenheit recht unterschiedlich. Mal lagen nur ein paar Tage oder Wochen dazwischen, manchmal ein paar Monate.
Die Zeit, ein abschließendes Urteil über Erfolg oder Misserfolg meiner eingeleiteten Bemühungen zu fällen, ist daher noch zu kurz. Gleichwohl wage ich ein erstes Resümee.

Ich würde mir selbst etwas vormachen, wenn ich behaupten wollte, dass ich, sobald ich wieder irgendein Krankheitssymptom an mir entdecke, nicht auch spontan an eine todbringende Krankheit denke, die hierfür ursächlich sein könnte. Die Betonung liegt dabei aber auf „auch“. Ich schließe die todbringende Krankheit nicht aus, aber sie ist nun für mich nur eine von mehreren Alternativen.
Während ich zehn Jahre lang von Arzt zu Arzt lief, weil ich stets davon überzeugt war, schwer erkrankt zu sein, habe ich in den letzten Wochen und Monaten erkannt, dass mich die Angst vor Krankheiten krank vor Angst gemacht hat. Ich musste erkennen, Krankheitsangst ist eine eigenständige Krankheit, der man nicht mit Skalpell, wiederholten Labortests oder immerwiederkehrenden Computertomografien und dergleichen zu Leibe rücken kann. Diese Krankheit kann nur „vom Kopf“ her geheilt werden.

Die nächste Einsicht besteht darin, mittlerweile so häufig von so vielen Ärzten und an so unterschiedlichen Körperstellen untersucht worden zu sein, dass mir mein gesunder Menschenverstand sagen muss: Da ist nichts, du bist im großen und ganzen körperlich gesund. Es reicht aus, wenn du turnusmäßig an Vorsorgeuntersuchungen teilnimmst.

Zu diesem Bewusstsein hat das Therapieprogramm einen wesentlichen Teil beigetragen. Es waren weniger die einzelnen vorbeugenden Maßnahmen oder die empfohlenen Verhaltensregeln beim Auftreten von Krankheitssymptomen, die ich als Ursache für die Verbesserung meines derzeitigen Zustandes ausmache, als vielmehr die Erkenntnis, dass tatsächlich ein psychologisches Problem vorliegt, das therapiert werden muss. Besonders wichtig ist, dass von dieser Art von Problemen auch andere betroffen sind. Gleichwohl sind auch die angesprochenen therapeutischen Ansätze, wie progressive Muskelentspannung, Stressabbau, 4-Phasenmodell, Aufmerksamkeitslenkung und vieles mehr, sinnvolle Lösungsmöglichkeiten und können einen Gewinn für mich darstellen. Sie wirkten während des Therapieprogramms nicht schlagartig; wie sollten sie auch. Was sich in zehn Jahren nach und nach aufgebaut hat, lässt sich nicht innerhalb weniger Sitzungen in das Gegenteil verkehren. Dafür dürften die Vorgänge, die im Unterbewusstsein ablaufen, zu komplex und bei jedem Betroffenen zu verschieden sein, als dass hierfür ein allgemeines Schema greifen kann. Gleichwohl sind die Empfehlungen, mosaikartig zusammengesetzt, ein erster Schritt in die richtige Richtung, weswegen ich die Teilnahme an solchen Programmen empfehlen kann. Allein die Tatsache, dass sich in der heutigen Zeit bei fortwährender Diskussion um die Kosten im Gesundheitswesen die Krankenkasse bereit erklärt, die Therapieeinheiten finanziell zu tragen, lässt darauf schließen, dass man auch von deren Seite positive Erfahrungen damit gemacht hat.
Die tägliche Auseinandersetzung mit dem Thema Hypochondrie, indem ich meine Erfahrungen zu Papier gebracht habe sowie das weniger erfreuliche Erlebnis bei Nacht, haben

möglicherweise ebenfalls ihren Beitrag zu einer hoffentlich besseren Zukunft in Sachen Bewältigung meiner Krankheitsangst geleistet.

Die Erfolge dieser veränderten Einstellung sind bereits jetzt messbar. Ich habe in den zurückliegenden zwölf Monaten die Ärzte nur wegen Lappalien (verstauchter Fuß, orthopädische Hilfsmaßnahmen) aufgesucht, nicht im Internet gesurft, um Krankheitsbilder ausfindig zu machen, auf die Einnahme von Medikamenten, die Herzstolperer reduzieren sollen, verzichtet, keine Medizinbücher gewälzt und nur selten über Krankheiten gegrübelt.

Notizen

Notizen

Notizen

Notizen

Notizen

Notizen

Notizen